CW0766980

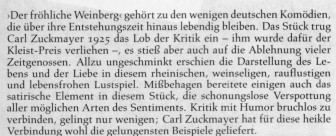

›Der fröhliche Weinberg‹ gehört zu den wenigen deutschen Komödien, die über ihre Entstehungszeit hinaus lebendig bleiben. Das Stück trug Carl Zuckmayer 1925 das Lob der Kritik ein – ihm wurde dafür der Kleist-Preis verliehen –, es stieß aber auch auf die Ablehnung vieler Zeitgenossen. Allzu ungeschminkt erschien die Darstellung des Lebens und der Liebe in diesem rheinischen, weinseligen, rauflustigen und lebensfrohen Lustspiel. Mißbehagen bereitete einigen auch das satirische Element in diesem Stück, die schonungslose Verspottung aller möglichen Arten des Sentiments. Kritik mit Humor bruchlos zu verbinden, gelingt nur wenigen; Carl Zuckmayer hat für diese heikle Verbindung wohl die gelungensten Beispiele geliefert.

Im ›Schinderhannes‹ (1927) hat Zuckmayer jenen hessischen Räuberhauptmann, der 1803 im Mainz hingerichtet wurde, aus Moritaten und Volksromanzen wieder aufleben lassen. ›Schinderhannes‹ ist kein politisch motivierter Räuber wie Karl Moor, sondern eher ein jugendlicher Krimineller mit einem Hang zu Freiheit und sozialer Gerechtigkeit.

Carl Zuckmayer, 1896 in Nackenheim am Rhein geboren, wuchs in Mainz auf. Nach einem naturwissenschaftlichen Studium in Frankfurt und Heidelberg arbeitete er zunächst als Dramaturg in Kiel, München und Berlin. Seit dem ›Fröhlichen Weinberg‹, für den er den Kleist-Preis erhielt, wurde er zu einem der meistgespielten Dramatiker Deutschlands. Im Filmbereich wurde er als Drehbuchautor erfolgreich, u. a. schrieb er das Buch zu ›Der blaue Engel‹ für Josef von Sternheim. 1933 erhielt Zuckmayer Aufführungsverbot in Deutschland. Er übersiedelte 1938 in die Schweiz und emigrierte ein Jahr später über Kuba in die USA. Seit 1958 lebte er in Saas-Fee in der Schweiz, wo er am 18.1. 1977 starb.

Carl Zuckmayer wurde der Ehrendoktor der Universität Bonn verliehen, er erhielt den Büchner-Preis (1929), den Goethe-Preis der Stadt Frankfurt (1952) und den Heinrich-Heine-Preis (1972).

Im Fischer Taschenbuch sind erschienen: ›Als wär's ein Stück von mir‹ (1049), ›Aufruf zum Leben. Porträts und Zeugnisse aus bewegten Zeiten‹ (5214), ›Ein voller Erdentag. Schiller, die Brüder Grimm, Hauptmann‹ (5830), ›Engele von Loewen und andere Ezählungen‹ (2536), ›Die Fastnachtsbeichte‹ (1599), ›Des Teufels General‹ (7019), ›Der Hauptmann von Köpenick‹ (7002), ›Herr über Leben und Tod‹ (6), ›Die langen Wege‹ (5829), ›Eine Liebesgeschichte‹ (10260), ›Rembrandt‹ (2296), ›Salwàre oder Die Magdalena von Bozen‹ (5729), ›Der Seelenbräu‹ (140), ›Sitting Bull‹ (5828), ›Der Rattenfänger‹ (7114).

Carl Zuckmayer

Der fröhliche Weinberg
Schinderhannes

Zwei Stücke

Fischer
Taschenbuch
Verlag

113. – 115. Tausend: September 1994

Ungekürzte Ausgabe
Veröffentlicht im Fischer Taschenbuch Verlag GmbH,
Frankfurt am Main, August 1968

Lizenzausgabe mit freundlicher Genehmigung des
S. Fischer Verlages GmbH, Frankfurt am Main
Aufführungs- und Senderechte: S. Fischer Verlag
© Carl Zuckmayer, 1966
Druck und Bindung: Clausen & Bosse, Leck
Printed in Germany
ISBN 3-596-27007-3

Gedruckt auf chlor- und säurefreiem Papier

Der fröhliche Weinberg

Lustspiel in drei Akten

Personen

Jean Baptiste Gunderloch, Weingutsbesitzer
Eismayer, Landskronenwirt
Klärchen Gunderloch | deren Töchter
Babettchen Eismayer |
Knuzius, Klärchens Verlobter
Jochen Most, Rheinschiffer
Annemarie Most, seine Schwester
Rindsfuss |
Vogelsberger | Weinhändler
Stenz |
Frau Rindsfuss
Fräulein Stenz
Hahnesand | Weinreisende
Löbche Bär |
Kurrle, Standesbeamter
Raunz, Küfermeister
Bruchmüller, Studienassessor
Chinajockel |
Stopski | Veteranen
Ulaneschorsch |
Weinbauern, Musikanten, Polizei

Das Stück spielt in Rheinhessen, im Weinherbst, Anno einundzwanzig. Es beginnt am Spätnachmittag und endet in der nächsten Morgenfrühe. Was den Dialekt betrifft, so kommt es nicht auf philologische Genauigkeit, sondern auf die Melodie und den Charakter an, der keineswegs idyllisch ist, sondern wie die Landschaft der Weinberge eher spröd, rostig, holperig und von einer eignen geruchstarken herbstlich heiteren Luft umweht.
Alle Lieder des Stückes haben ihre eigene Singweise.

Erster Akt

Sonniger Herbstnachmittag im Weinberg. Steiler Weg. Bald näher, bald ferner hört man während des ganzen Aktes den Gesang der jungen Leute bei der Lese und beim Keltern. Die Weinhändler Stenz, Rindsfuß, Vogelsberger mit Frau Rindsfuß und Fräulein Stenz, die Weinreisenden Hahnesand und Löbche Bär, Herr Knuzius im schwarzen Cut, Kurrle mit Aktenmappe treten auf. In aller Mitte Jean Baptiste Gunderloch.

GUNDERLOCH   Kurz und gut, meine Herrn, ihr habt ja Auge im Kopp, überzeugt euch selbst, wie's mit meine Weinberg steht.

HAHNESAND   Für jed reif Traub möcht ich en Taler hawwe.

STENZ *im kölschen Tonfall*   Die Lag ist jut, aber wie steht's mit de Rebläus?

GUNDERLOCH   Wie überall, ma muß nur Vitriol spritze.

STENZ   Det teure Zeug für die bettelige Lüs!

FRAU RINDSFUSS   Die lohnende Aussicht, wo man hier hat! Und die erhebende Natur! Seht nur, wie der Rhein fließt!

HAHNESAND   Ja, er kann's nit lasse.

FRÄULEIN STENZ   Wirklich, eine hochromantische Natur!

RINDSFUSS *leise*   Lobt nit so laut, sonst geht er mit dem Preis in die Höh!

VOGELSBERGER *mürrisch zu Kurrle*   Hat die Domän schon e Aug drauf geworfe?

KURRLE   Darüber wird amtlicherseits noch nichts verlautbart.

VOGELSBERGER *zu Rindsfuß*   Der hat auch e Mundwerk wie en Regierungspräsident. *Zu Kurrle* Herr Diplomat, ich dank Ihne für Ihr Aufklärung.

KURRLE   Wollen Sie mehr wissen? Kaufen Sie sichs amtliche Verordnungsblatt.

RINDSFUSS   Da haste dei Fett.

HAHNESAND   Meine Herrn, mich juckt die Gurgel. Wie wär's jetzt mit dem Weinpröbche?

GUNDERLOCH   Ein Augenblick, verehrte Anwesende! Nachdem wir nun den Heiligkreuzwingert, den Rote Weg und den Kapelleberg besichtigt haben, kenne Sie den Umfang und die Beschaffenheit meines Besitztums. Ich erkläre also noch einmal vor amtlichen Zeugen, daß ich gesonnen bin, die Hälfte meines Weinguts zum Schätzungswert zu verkaufen, ebenso die Hälfte meiner Kellereibestände an den Meistbietenden zu versteigern. Herr Kurrle vertritt bei dieser Handlung die Behörde. *Kurrle verbeugt sich.*

STENZ   Un wat jeschieht mit der andere Hälft?

GUNDERLOCH   Ja, wenn's jetzt ernst wird mit meim Klärche, die ist nämlich so gut wie verlobt, dann hat sie da eine Mitgift, die sich gewasche hat!

LÖBCHE BÄR   Mit Zins- und Rentenwasser!

GUNDERLOCH   Ich hingege habe die Absicht, wenn die junge Leut in mein Haus ziehe, mir von dem Erlös der anderen Hälft in Wiesbaden oder Homburg vor der Höh ein' bescheidenen Lebensabend zu gönne.

HAHNESAND   Bravo!

VOGELSBERGER   Wer lang hot, läßt lang hänge.

FRAU RINDSFUSS   Vornehm! Das nenn ich vornehm!

RINDSFUSS   Lob nit so laut, es kost mei Geld!

GUNDERLOCH   Also meine Herrn, rechts herunter führt der Weg in die Kellerei! Küfermeister Raunz steht schon am Eingang! Darf ich bitten! *Alles setzt sich in Bewegung.*

HAHNESAND   Jetzt kommt unser Ressort!

LÖBCHE BÄR   Passe Se auf, mit was die Brötcher belegt sin! Wenn's Lachs un Sardelle gibt, hat er sich angestrengt, dann könne wirn drücke. Wenn's nur Käs gibt, is er en Gannef!

VOGELSBERGER *zu Kurrle*   Geht der Herr Präsident per pedes oder werde die Pferd erst gesattelt?

KURRLE   Sie allerdings werde sich wohl Blase in die Füß laufe, wo Sie nix wie Autofahrn gewöhnt sin!

VOGELSBERGER   E Schlappmaul wie en Einquartierungschef!
Alle ab, außer . . .

KNUZIUS, *der Gunderloch zurückhält*   Auf ein Wort, mein lieber Herr Gunderloch, wenn ich Sie nicht schon anders nennen darf . . .

GUNDERLOCH   Wie denn?

KNUZIUS   Schwiegerpapa!

GUNDERLOCH   Halt emal die Luft! So schnell wird bei uns nit geschosse!

KNUZIUS   Aber Herr Gunderloch!

GUNDERLOCH   Sie wisse Bescheid! Sie kenne mei Bedingung!

KNUZIUS   Ich kenn sie genau, und ich bin selbstverständlich im Begriff . . .

GUNDERLOCH   Wenn Sie zu mir komme un sage mir: Ihr Klärche kriegt e Kind, un ich bin de Vatter: Dann hawwe Sie mein Sege un mein halbe Weinberg. Vorausgesetzt daß das Mädche freiwillig un mit Vergnüge bei der Sach is. Solang Sie herumscharwenzle wie en gepickte Welschhahn, der kei Eier lege kann, un sich auch sonst nit nützlich mache als mit seim Fett im Topp, solang will ich von Verlobung nix wisse!

KNUZIUS   Aber Herr Gunderloch, es besteht begründete Hoffnung, daß . . . unter Männern, Herr Gunderloch!

GUNDERLOCH Nix da mit Schmuuß! Entweder — oder! Ein Wort
genügt! Laufe Se ruhig herum un erzähle Se: Der alt Gunderloch is en Narr un hat en Sparre zuviel! Ich weiß, was ich will!
Ich pfeif auf die öffentliche Meinung! Ich hab mei Sach beisamme, ich kann mir's leiste! Was wolle denn die Leut? Wenn
se Wein kaufe, wird e Prob gemacht, sonst kann ich ja Firn-
essig für Meßwein verkloppe! Wenn einer e Sau kauft, muß er
wisse, daß se ferkelt. Dafür gibt's die öffentliche Deckung von
Gemeindewegen. Wenn aber einer heirat, wo das beiderseitige
Leib- un Seeleheil damit verbunde is, da soll er Blindekuh
spiele, he?
KNUZIUS Keineswegs, keineswegs!
GUNDERLOCH Ich hab's am eigne Leib erfahre, was das heißt! Mei
Frau wars schönste Mädche von Lerzweiler, aber sie hat kei
Kinder kriegt, ich konnt mache, was ich wollt! Das ganze Dorf
hat schon gestichelt. Da hab ich das Klärche hinterrücks mit eme
Schiffermädche bekomme, un hab's adoptiert, damit's kein
Bankert bleibt. So was wirkt in der Ehe, wie der Schimmel im
Traubefaß! Geärgert un geschimpft un geschmisse hawwe wir
uns gegenseitig, mei Frau un ich, das war gesundheitsschädlich,
und ich hab immer gesagt: Eins von uns kommt frühzeitig
unner die Erd, jetzt liegt se drunner! Meinem Kinde soll das
nicht passiere. Basta! Da hawwe Se's.
KNUZIUS Aber mein lieber Herr Gunderloch! Aber gewiß! Aber
selbstverständlich! Hol's der Teufel, ich hab studiert, Herr
Gunderloch, ich war Couleurstudent, Herr Gunderloch! Couleurstudent!
GUNDERLOCH Couleur oder Schnippedilles, nenne Sie's wie Sie
wolle, ohne Kinder gibt's kein eheliches Glück, un das muß
zuerst bewiese werde!
ANNEMARIE MOST *tritt auf* Herr Gunderloch, die Herrschaften
warten im Keller.
GUNDERLOCH Ja, ja. Also junger Mann: Sie wisse Bescheid!
KNUZIUS Ich weiß Bescheid! Ich weiß Bescheid! Verlassen Sie
sich ganz auf mich! Manneswort, Herr Gunderloch! Mannes-
wort und Mannestat! Ich bin im Bilde! Ich weiß Bescheid!
GUNDERLOCH Also.
KNUZIUS Wird gemacht, Herr Gunderloch, wird gemacht! *Ab*
GUNDERLOCH *sieht ihm nach, mit gerunzelten Brauen.*
ANNEMARIE Kommen Sie mit, Herr Gunderloch?
GUNDERLOCH Sage Sie mal: Wie gefällt Ihne der Bursch?
ANNEMARIE Gott, offen gesagt . . .
GUNDERLOCH Natürlich offe gesagt, sonst brauch ich ja nit zu
frage!
ANNEMARIE Vielleicht hat er sein geheime Wert. Ich möcht ihn
nit heirate.

GUNDERLOCH   Ich auch nit!

ANNEMARIE   Aber warum kriegt er dann Ihr Klärche?

GUNDERLOCH   Jedweder hat sein Gustibus. Sie hat sich's ja mit ihm angefange. Wenn er mei Bedingung erfüllt, geht mich der Rest nix an.

ANNEMARIE   Was für Bedingung denn?

GUNDERLOCH   Das geht Sie nix an.

ANNEMARIE   Pardon! *Will gehen.*

GUNDERLOCH   Bleibe Sie da, Annemarie, bleibe Sie da. Sie kenne mich ja, ich mein's nit so bös, ich bin en alter Schrullekopp, es ist Zeit, daß ma mich zum rostige Eise schmeißt: Sie werde auch froh sein, wenn ich hier verkauft hab un Sie sin die Stellung bei mir los!

ANNEMARIE   Ach, Herr Gunderloch, brauche Sie denn in Wiesbaden oder Homburg vor der Höh keine Hausdame?

GUNDERLOCH   Nein, mein Kind, da muß ich in so ein Hotel oder Pensionat, wo das alles schon mitbezahlt ist. Ach . . .
Er macht ein angewidertes Gesicht.

ANNEMARIE   Muß es denn sein, Herr Gunderloch?

GUNDERLOCH   He?

ANNEMARIE   Ich meine: Muß es denn sein, das alles, mit dem Verkaufen und Wegziehen . . .

GUNDERLOCH   Natürlich! Was denke Sie denn! Meine Sie, ich wollt als alter Krüppel dene junge Leut zur Last falle?

ANNEMARIE   Aber es wär doch auch möglich, daß Ihr Klärche vom Weinberg wegheuert, in einen andren Stand, und dann bleibt Ihnen alles ganz allein!

GUNDERLOCH   So ganz allein, das is auch nix mehr für mich. Ich bin en alter Mann.

ANNEMARIE   Herr Gunderloch! Sie sind noch ein Mann wie ein Baum! Da könnt sich mancher freun!

GUNDERLOCH   Meine Sie? Na, es is ja was Wahres dran. Es gibt Momente, da fühl ich mich noch völlig auf der Höh! Un gerad deshalb. Mit dem Alleinsein, das is nix.

ANNEMARIE   Sie könnten wieder heiraten.

GUNDERLOCH   So? Und woher die Frau nehme? Das müßt noch eine sein, die mir gefällt! . . . Jung müßt sie natürlich sein, un doch kei Stallkälbche mehr — un gescheit müßt sie sein — als Weingutsfrau in dene schwierige Geschäftsläufte, ja und vor allem, so eine Sonnenhaut ums Gesicht, so richtig braun und rot, wie so e Borsdorfer Äpfelche, oder e Goldreinettche von meiner beste Zucht, so müßt nämlich auch der Hals sein un die Schultern, ja, un dunkle Haar, un helle Augen, das hab ich nämlich gern — un sehe Sie: So eine, die nimmt mich nit mehr!

ANNEMARIE   Wer weiß . . .?

GUNDERLOCH Nein, nein mei Herzche, nein mei Herzche ...
macht euch keine Sorg: In vierzehn Tag seid ihr mich los! Da
bleibt's dabei! *Er geht.*

ANNEMARIE Herr Gunderloch! Wie er herabsteigt, so flott! Wie
ein Hirsch im Wald! Und seine Stimme, die ist so schwer und
rauh und holprig, wie wenn man im Obstkarren übers Land
fährt, das rüttelt durchs ganze Blut, und wenn er lacht, da kit-
zelt's, und wenn er mich anguckt, springt mir ein roter Fuchs
ins Gesicht, und wenn er mich anfaßt, mein ich immer, er
merkt's — weil's mich ganz heiß über die Haut schreckt ... aber
er will's nicht sehn! Er will's nicht sehn. *Sie läuft rasch davon.*
Inzwischen ist der Winzergesang immer näher gekommen, teils
rauh, teils nasal, teils kreischend, teils schleppend, teils munter;
jetzt rücken, mit Traubenbottichen auf dem Rücken und Körben
am Arm, schepp und grad, dick und dünn, die Weinleser und
Weinleserinnen an, unter ihnen Babettchen Eismayer und Klär-
chen Gunderloch. Sie verteilen sich, beerenlesend, die meisten
in stupider Arbeitshaltung, über den Hintergrund der Bühne,
man hört ihre Rufe von überallher, während Klärchen und
Babettchen im Vordergrund allein bleiben.

GESANG »Charlottchen, Charlottchen, gehst mit mir ins Gras!
　　　Ach nein, ach nein, das macht mich so naß.
　　　Hab ich dir's, hab ich dir's,
　　　Hab ich dir's gleich nicht gesagt,
　　　Daß uns die Liebe
　　　Glücklich macht.«

BABETTCHEN Ei, Klärchen, du singst ja gar nit.

KLÄRCHEN Laß mich. Mir ist nicht drum.

BABETTCHEN Du bist komisch. Wo euch doch der ganze Weinberg
gehört.

KLÄRCHEN Ach Babettche, was hab ich davon.

BABETTCHEN Ich weiß schon, alles wegen dem lumpigen Schiffig,
der jetzt wieder in unserem Gasthaus wohnt.

KLÄRCHEN Aber er ist gar kein gewöhnlicher Schiffig! Sein Vater
hat schon seine eigne Flözerei besessen, und der Jochen hat sich
verbessert, er fährt Schleppkahn von Basel bis Rotterdam, er
hat ein Häuschen auf dem Vorderschiff, wo man zu zweit drin
wohne kann.

BABETTCHEN Schiffer bleibt Schiffer. Ein feiner Beruf ist das nicht.
Die meisten haben blaue Anker auf dem Arm. Wenn sie beim
Tanzen die Ärmel hochstreifen, muß man sich genieren.

KLÄRCHEN Der Jochen schwitzt überhaupt nie beim Tanzen. Der
geht so leicht wie ein Segelboot.

BABETTCHEN Aber dein Knuzius tanzt viel moderner. Er hat's bei
den Studenten gelernt.

KLÄRCHEN Das hat mir ja auch zuerst so imponiert an ihm!

BABETTCHEN   Un den steifen Kragen wo er trägt, und den schwarzen Rock, Kuttaweh, wie man's nennt, und wie er riecht, das
ist die Kopfpomad, wie die französischen Offizier in Mainz!

KLÄRCHEN   Soll er doch nach Mainz gehn!

BABETTCHEN   Der ist viel zu schad fürs Land! Ich versteh dich gar
nit: Wenn ich so einen Herrn hätte!

KLÄRCHEN   Weiß Gott, wie gern möcht ich ihn dir lasse!

BABETTCHEN   Du hast gut rede, wo du im Geriß stehst mit deim
reichen Vater! Student is er gewese, der Deinige, un so schön
wie er ist, die reine Photographie!

KLÄRCHEN   Aber ich lieb ihn nicht!

BABETTCHEN   Ei warum hast du dann mit ihm angefange?

KLÄRCHEN   Hab ich ja gar nit! Er hat angefange!

BABETTCHEN   Aber du, du hast natürlich ja gesagt.

KLÄRCHEN   Gar nichts hab ich gesagt. Dazu kam's gar nicht. So
schnell geht das, und dann sitzt man drin. Es war in der Stadt,
auf der Hochzeit von meiner Cousine. Schließlich ist man ja
auch neugierig drauf — er hat mir in einemfort Likör gegeben.
Da ist es passiert.

BABETTCHEN   Sei froh! Unsereinem passiert's ohne Likör. Höch-
stens Most oder Faßwein.

KLÄRCHEN   Ich wußte ja noch gar nicht, was die Liebe ist.

BABETTCHEN   Dein Vater sagt: Das erfährt man erst nach sieben
Jahr.

KLÄRCHEN   Der hat gut reden. Hinterher!

BABETTCHEN   Du, da kommt dein Schiffig! Ich mach fort. Aber sei
gescheit, Klärchen, laß dich mit dem nit ein! Der Knuzius! Das
ist ein Mann!

KLÄRCHEN   Bleib doch, Babettchen, bleib doch . . .

BABETTCHEN   Komm doch mit, wenn du ihn nit treffe willst!
Sie läuft fort.

KLÄRCHEN   Jetzt bleib ich!! Jetzt grad!?

JOCHEN MOST *tritt auf* Hallo! Klärche! Wie geht's! Lang nit
mehr gesehn!

KLÄRCHEN   Ei, Herr Most! Wo komme Sie denn her!?

JOCHEN   Direkt von Holland. Frisch gelade. Ich lieg mit meim
Kahn im Auhafe, bleib e paar Tag, hab Quartier in der Landskron genomme.

KLÄRCHEN   Ach! Daß mir die Babett kei Wörtche gesagt hat!

JOCHEN   Na, jetzt wisse Ses ja. Un sonst? Wie geht's bei euch?
Was gibt's Neues?

KLÄRCHEN   Ein schöner Herbst.

JOCHEN   Ja, en sakramentsschöner Herbst. En gottverdippelt
schöner Herbst. So recht zum Anbeiße. Darf man emal?

KLÄRCHEN   Was denn?

JOCHEN   E Träubche?

KLÄRCHEN   Aber natürlich! *Sie greift in den Korb.*

JOCHEN   Komm her. Gleich ins Maul. *Hält ihr sein Maul hin.*

KLÄRCHEN *steckt ihm eine Beere ins Maul, lachend*   Ei, da geht ja de halbe Finger mit!

JOCHEN *frißt*   Ahh . . . so gut hat mir noch nie im Lebe e Traub geschmeckt!

KLÄRCHEN   Noch eine?

JOCHEN   Natürlich!

KLÄRCHEN   Da! Aber Herr Most! Pfui Deufel!!

JOCHEN *faßt ihre Hand und drückt seinen Mund innen hinein, küßt heftig, dann zerkaut er die Traube und hält die Hand fest.* D i e Traub, sehe Sie, die hat mir noch besser geschmeckt.

KLÄRCHEN   Aber nein!

JOCHEN   Aber ja!

KLÄRCHEN   Das ist lieb von Ihnen, daß Ihnen die Trauben so gut schmecken!

JOCHEN *versucht, sie zu umarmen*   Das ist lieb von Ihnen, denn sie schmecke mir nur wege Ihrer Hand so gut!

KLÄRCHEN *macht sich los*   Das ist lieb von Ihne . . . *Sie weiß kaum mehr, was sie sagt.*

JOCHEN   Von Ihne . . . *Ganz ernst*

KLÄRCHEN *benebelt*   Von Ihne . . .

JOCHEN *plötzlich lachend*   Von Ihne!

KLÄRCHEN *lachend*   Von Ihne!

JOCHEN *läuft ihr nach*   Klärche!

KLÄRCHEN   Jochen! Jochen!

JOCHEN   Klärchen! Klärchen!

KLÄRCHEN   Jochen! *Sie packen sich.*

ANNEMARIE MOST *tritt auf, sieht das Paar, das sich umschlungen hält, läuft schnell wieder weg und ruft aus einiger Entfernung* Juhu! Klärchen! *Jochen und Klärchen fahren auseinander.*

JOCHEN   Mei Schwester!

KLÄRCHEN   Ein Glück, daß sie nix gesehe hat!

JOCHEN   Klärche, ich bleib nur kurz hier! Klärche, so geh ich nit wieder fort! Klärche, ich hab dich lieb! Klärche, sag doch was!

KLÄRCHEN   Ich dich auch.

ANNEMARIE *tritt wieder auf*   Ei Jochen, bist du auch schon in die Weinberg gestiege? Hilfst du Traube lese?

JOCHEN   Ja, ich helf e bißje. Komm, Klärche.

ANNEMARIE   Da mußt du schon einer andren helfe, denn das Klärche hol ich grad; sie soll zu ihrm Vater, der hat Besuch.

JOCHEN   Was fürn Besuch?

ANNEMARIE   Große Weinhändler und sachverständige Leut, es geht ums halbe Besitztum und um die Mitgift fürs Klärche.

JOCHEN   Mitgift? Soll denn das Klärche heuern?

ANNEMARIE   Ei weißt du's nit? Sie ist doch so gut wie verlobt!

KLÄRCHEN   Ach, das is dummes Zeug . . .

JOCHEN   Adieu. *Er geht dröhnend.*

ANNEMARIE   Aber Jochen! Was ist denn los?

JOCHEN *geht, ohne sich umzudrehen, ab.*

ANNEMARIE   Was ist denn das für Benehme? Wenn er das bei
seine Schiffer lernt, kann mir ganz Holland gestohle bleibe!

KLÄRCHEN   Annemarie, sei ihm nit bös! Es geht ihm nah!

ANNEMARIE   Was geht ihm nah?

KLÄRCHEN   Was du da gesagt hast, daß ich verlobt bin . . .

ANNEMARIE   Ach so, da pfeift's her. Und du? Was sagst du dazu?

KLÄRCHEN   Annemarie, quäl mich nit! Ich geh in de Rhein.

ANNEMARIE   Aber Klärche! Der is ja schon so kalt, wo's im
Schwarzwald die viele Gewitter hat!

KLÄRCHEN   Auch noch verhohnepippele! Du falsch Katz! Dein
leiblicher Bruder is es, um den ich sterb!

ANNEMARIE   Komm her, Klärche, wir wolle mal das Sterbe für de
Tod aufsparn, un lieber überlege, was da zu mache is.

KLÄRCHEN   Der Knuzius! Wenn ihm nur sein steife Krage de
Hals zudrücke deet!

ANNEMARIE   So is recht, Klärche! Ein junger Kerl soll nit jammern, sondern die Wut soll er hawwe, wenn's gege de Wind
geht!

KLÄRCHEN   Die hab ich! Aber was hilft's?

ANNEMARIE   Wir wolle mal schnell überlege. In fünf Minute is
die ganz Gesellschaft da.

KLÄRCHEN   Wenn ich nur die paar Tag, solang der Jochen da is,
die Arm frei hätt. — Aber er läßt mir ja Tag un Nacht kei
Ruh!

ANNEMARIE   Der Knuzius?

KLÄRCHEN   Ja, du weißt ja wie mein Vater is. Er hat die Bedingung gestellt, daß sich keiner mit mir verlobe darf, wenn ich
nit . . . *Sie sagt ihr was ins Ohr.*

ANNEMARIE   Ich hab mir's gedacht.

KLÄRCHEN   Un deshalb is der Knuzius wie verrückt dahinter her.

ANNEMARIE   Dem sticht auch der reiche Weinberg mehr in die
Nas als dei Schönheit, Klärche.

KLÄRCHEN   Sicherlich. Denn für die Lieb hat der überhaupt kein
richtige Sinn, und Talent hat er auch keins dazu.

ANNEMARIE   Und der Jochen, glaubst du, hat mehr.

KLÄRCHEN   Ich weiß ja noch nit, aber ich seh's ihm an de Auge an,
un spür's, wenn er mich küßt.

ANNEMARIE   Ein echter Most!

KLÄRCHEN   Der Knuzius, der is überhaupt nur auf die Bedingung
aus, sonst fühlt der gar nix dabei.

ANNEMARIE   Und bist du ganz gewiß, daß er die Bedingung noch
nit . . . erfüllt hat?

KLÄRCHEN   Ha! So dumm bin ich auch nit mehr. Ich geb schon acht. Und außerdem schläft er immer gleich ein.

ANNEMARIE   Einschlafen tut er gleich?

KLÄRCHEN *nickt verzweifelt und geniert, flüstert ihr was zu. Sie lachen beide, bis Klärchen seufzt.*

ANNEMARIE   Nein Klärchen, das ist kein Mann für dich.

KLÄRCHEN   Ich halt's auch nit mehr aus. Es gibt e Unglück, eher beiß ich ihm die Gurgel durch, als daß ich mich noch einmal von ihm anrühre laß. Jetzt wo der Jochen da is . . .

ANNEMARIE   Un wo die Bedingung fällig is . . .

KLÄRCHEN   Aber was soll ich denn mache. Ich war doch so dumm un hab mich mit ihm eingelasse. Wie soll ich's denn anstelle, daß er mich wenigstens ohne Skandal in Ruh läßt.

ANNEMARIE   Ganz einfach. Sag ihm was ins Ohr.

KLÄRCHEN   Wie?

ANNEMARIE   Geh hin, wenn er kommt, un sag ihm was ins Ohr, verstehst du, so . . . *Sie umarmt Klärchen komisch, wie eine junge Frau den Ehemann, und sagt ihr was ins Ohr.*

KLÄRCHEN   Annemarie . . .

ANNEMARIE   Dann hast du dei Ruh, un die Arm frei, er muß dich zart behandeln, verstehst du, du kannst früher fortgehen, wann du willst, kannst allein bleiben, kannst Launen haben, es kann dir immer schlecht werden, verstehst du, und vor allen Dingen gewinnst du Zeit.

KLÄRCHEN   Aber ich glaub, man soll mit so was kein Witz treiben, man könnt's verschwören, es könnt sich später rächen.

ANNEMARIE   Lieb Kind, glaub mir: es rächt sich nichts, was du mit Witz machst, un mit Spott oder Lust und Schwindel, wenn das Herz echt ist dabei, und inwendig der Ernst und die wahre Lieb, da gibt's fürs Auswendige keine Straf und kein Katechismus, nicht im Himmel und erst recht auf der Erd nicht — *sie faßt Klärchens Hand und beginnt auf und ab zu laufen mit ihr* —, sondern nur bei den Menschen, die zu krumm sind fürs Krautschießen und zu eng fürs Blätterwehn, und die nicht spüren, wie uns der Herbst heiß macht mit Knall und Fall und Gejohl, und mit Obst und Nüß und Most und zerquetschten Trauben, und wie er zum Frühling braust!

KLÄRCHEN *beinah im Tanz mit ihr*   Du hast recht, Annemarie, recht hast du, recht . . . fürs Inwendige, da gibt's keine Straf . . . Ich kann's nicht so sagen, aber ich fühl's grad so wie du, und es dreht mich herum ganz wirblig, als hättst du mir viel zu trinken gegeben, aus unserm großen Kirschwasserkrug, ei hörst du nicht, wie mein Herz laut ist, oder die Küfer machen's, die die Faßreifen hämmern, und der Schmied, der die Gäul beschlägt, und der Specht und die Hund und die Treiber im Hasenfeld, hörst du, die hämmern alle mit, nein, nein, die

Heilig Jungfrau selbst kann's mir nit übelnehmen, weil's doch aus Lieb geschieht, Annemarie, ich tu's! Ich sag ihm was ins Ohr!

ANNEMARIE Fang's mutig an. Fang's leicht an. Fang's fröhlich an. Dann kann dir nichts geschehen.

KLÄRCHEN Annemarie, wie dank ich dir, daß du mir hilfst. Wie lieb hab ich dich dafür.

ANNEMARIE Vielleicht brauch ich dich auch bald ...

KLÄRCHEN Immer! Immer! *Sie läuft lachend, jauchzend, der Gesellschaft Gunderlochs bergab entgegen, die man laut schwätzend kommen hört.*

ANNEMARIE, *da sie Knuzius kommen sieht* Dem gönn ich's mit Pech und Schwefel.

KNUZIUS *kommt mit Klärchen den andern voraus* Mein Bräutchen mit dem Traubenkorb. So recht ein rheinisches Mädchen. Immer frisch. Immer fidel.

KLÄRCHEN Ja, Gustav, das heißt eigentlich ... ich wollt dir eigentlich was sagen ...

KNUZIUS Später, später mein Kind. Jetzt komm her. *Die Weinhändler werden sichtbar.* Gib mir mal rasch en Kuß.

KLÄRCHEN Aber Gustav, vor alle Leut.

KNUZIUS Komm her. Ein rheinisches Mädchen schämt sich seiner Liebe nicht.

KLÄRCHEN Du Protz, du willst nur, daß ma dich bewundert.

KNUZIUS Klärchen! *Wütend* Wart nur, wenn wir allein sind. *Auftreten: Gunderloch, Kurrle, Stenz, Rindsfuß, Vogelsberger, Frau Rindsfuß, Fräulein Stenz, Hahnesand, Löbche Bär. Alle von der Weinprobe schon etwas angesäuselt. Gunderloch voll Stolz, die Weinhändler nicht ohne Mißgunst.*

GUNDERLOCH Die zwanziger Spätles, das is e Weinche, was?

STENZ E sauber Weinche, e Prachtweinche.

GUNDERLOCH Edelfäule, meine Herrn, Edelfäule. Das ist es.

RINDSFUSS *betont skeptisch* Er kann schwer fallieren, wenn de neue gegore hat.

GUNDERLOCH Das ist ein Napoleonswein, ein Siegeswein. Der falliert nit.

VOGELSBERGER *miesmacherisch* Ob er sich hält.

GUNDERLOCH Der wird hundert Jahr alt.

RINDSFUSS In Ihrem Keller, wenn Se mit dem Preis nit erunner gehn.

GUNDERLOCH Ich kann's abwarte. Nun, meine Damen, wie hat's Ihne gefalle in meim Keller?

FRAU RINDSFUSS Ich sage nur, hochmodern.

FRÄULEIN STENZ Ach, und so gruselig.

FRAU RINDSFUSS Das möcht ich wisse, was da gruselig war. *Sie streiten leise miteinander.*

GUNDERLOCH   Annemarie, laufen Se in die Landskron, und sage
Se, wir käme jetzt all zum Abendesse, un möchte die klei Gaststub reserviert hawwe.

ANNEMARIE   Jawohl, Herr Gunderloch.

GUNDERLOCH   Un daß Sie mir nit fehle beim Schmaus. Un hernach
wird e Dänzje gesprunge, gell.

ANNEMARIE   Mit Ihne, Herr Gunderloch! Jetzt lauf ich schnell.
Ab

GUNDERLOCH   E Prachtmädche, das. So stramm, un so hell im
Kopp.

RINDSFUSS   Für mei Schönheitsgefühl is de Poppo e bißje zu dick.

GUNDERLOCH   Ihne kann ma's aber auch gar nit recht mache.

VOGELSBERGER *schnuppert mißtrauisch und gereizt an einzelnen
Trauben herum*   Edelfaul möcht ich das nit nenne.

GUNDERLOCH   Ei wolle Se vielleicht behaupte, mei Traube wärn
pelzig, riwwle Se doch emal ei zwische die Finger un rieche
Se dran, ob das nit e Düftche is.
*Vogelsberger tut's. Die andren treten sachverständig dazu.
Gunderloch steht beleidigt abseits.*

LÖBCHE BÄR *zu Hahnesand heimlich und hastig*   Für mei Firma is
es zu hoch. Herunterhandele is e tot Sach. Bei dene lumpige
Käsbrödcher.

HAHNESAND   Es is e Geschäft. Es is e aufgelegt Geschäft. Mei
Firma könnt's zahle, aber es is e Mordsstück. Meine Se, ich
soll kaufe?

LÖBCHE BÄR   Als Geschäftsmann sag ich Ihne nix, weil ich's Ihrer
Firma nit gönn. Als Judd zu eme Judd sag ich: kaufe Se.

VOGELSBERGER   Die Judde stehn da beisamme und hecke Unheil.

GUNDERLOCH *mürrisch*   Es is Zeit, daß ma zum Esse komme, mir
scheint, ihr habt all Hunger.

STENZ   Dat will ich meine, auf dat Pröbchesjesöff.

RINDSFUSS *versucht, Kurrle beiseite zu ziehn*   Meine Sie, Herr
Stadtrat, ma könnt's bei geeignetem Entgegenkomme durch die
Behörde billiger hawwe?

KURRLE   Ich hab nicht genau verstanden.

RINDSFUSS   Vielleicht verstehe Se später, wir spreche beim Wein
nochemal drüwwer. Ich laß en Fuffzehner springe. Die annern
sin lauter filzige Drecksäck.

VOGELSBERGER   Herr Rindsfuß, die Behörde wärn hier unbestech-
lich, hab ich gehört.

KURRLE   Die Herrn können offenbar nicht viel vertragen.

STENZ   Da jönnt einer dem andern det Pfefferkörnche nich. Halte
Se sich an mich, Herr Gunderloch. Kölle is flott un solid.

RINDSFUSS   Bei dir, Stenz, is scheint's auch kein Weihwasser
mehr im Kesselche, daß de gleich dei Tochter mit auf die Versteigerung genomme hast.

STENZ   Halt de Schnüß, alt Muffel.

GUNDERLOCH   Um auf die zwanziger Spätles zurückzukomme, ich hab da e prima Angebot von England.

VOGELSBERGER   Ei wie national, nix wie übers Meer mit unserm deutsche Wein.

GUNDERLOCH   Wenn ihrn in Mainz an die Franzose verkloppt, is besser. Das könnt euch so passe, als durchs Loch im Weste rolle lasse.

HAHNESAND, *der lange mit sich gerungen hat,* stürzt plötzlich vor   Herr Gunderloch, ich nehm Ihrn Preis an. Ich kauf e Stück.

LÖBCHE BÄR   Platze sollste.

GUNDERLOCH   E Mann, e Wort. In der Wirtschaft mache mer's gültig.

HAHNESAND   Topp, topp.
Sie schütteln sich die Hände. Die andern werfen sich boshaft-mißtrauisch-verständnisvoll-schadenfroh-gehässige Blicke zu.

GUNDERLOCH   Um jetzt vom geschäftliche Teil abzuschweife, möcht ich die Herrschafte mit meim Töchterche bekanntmache. Komm her, Klärchen, mach dei Reverenz.

FRAU RINDSFUSS   Ein entzückendes Mädchen! Und noch so kindlich!

FRÄUEIN STENZ   Wie heißt du denn, ich heiße Mieze, wir wollen du zueinander sagen, wie alt bist du, ich bin schon achtzehn, aber noch so kindhaft.

STENZ   Das is wohl der Herr Oberkandidat hier der Herr Bräutigam. He, darf ma jratuliere.

KNUZIUS   Na, man hofft . . .

GUNDERLOCH   Halt! Das ist noch nicht ganz eraus.

RINDSFUSS   Warum, hawwe Se Ihrer Tochter e paar zur Auswahl zugelegt?

FRAU RINDSFUSS   Aber Schorsch! Education!

RINDSFUSS   Rutsch mir de Buckel enunner.

VOGELSBERGER *lauschend*   Ei was is denn das für e Gebumms. Da kann ja en Tauber lebendig werde un laufe lerne. *Das blökende Gesinge des Veteranenmarsches kommt näher.*

KURRLE   Das sind unsere Veteranen.

STENZ   Was für Ahnen?

KURRLE   Kriegsveteranen. Aber keine gewöhnlichen vom Weltkrieg, wo jeder dabei sein konnte, sondern was Besseres. China, Südwest, Kiautschau.

VOGELSBERGER   Habt ihr auch en Zoologische Garte hier?

KURRLE   Nein, aber die Affen kommen öfters von auswärts.

VOGELSBERGER   E Schnauz wie en Etappegeneral.

GUNDERLOCH   Das ist eine alte Sitte hier, un ma macht se mit, weil ma sich schwer drum drücke kann. Jedes Jahr bei der Weinlese kriege die Ortsveterane vom reichste Winzer ihrn Freimost.

FRAU RINDSFUSS Es geht nichts über die alten Sitten des Volkes. So interessante Sitten.

FRÄULEIN STENZ Ach, und der himmlische Gesang.

DIE VETERANEN, *an der Spitze Chinajockel, Stopski und Ulaneschorsch, marschieren in langsamem Tempo auf; ihr Gesang spottet jeder Beschreibung*

> »Ach was hätte mer Heidelbeern,
> Wenn se nit so teuer wärn,
> Un so schrecklich klaa, klaa, klaa.
> Guckt emol de Schutzmann Schmidt,
> Brech de Hals und stolper nit,
> Mit de scheppe Baa, Baa, Baa.
> Guckt emol de klääne Kohn,
> Wie er steht am Telephon,
> Un er kann nit draa, draa, draa.«

CHINAJOCKEL Herr Gunderloch, der gütige und edle Stifter unseres heutigen Freimostes, er soll noch viele lange und gute Weinjahre leben: Hoch! Hoch! Hoch!

DIE VETERANEN *brüllen mit.*

CHINAJOCKEL Und jetzt: Satteln und Schirren! Aufgesessen! Das Ganze marsch in die Landskron!

GUNDERLOCH Meine Herrschaften, schließen wir uns an!

DIE VETERANEN *abziehend, singend*

> »Ach was hätte mer Heidelbeern,
> Wenn se nit so teuer wärn,
> Un so schrecklich klaa, klaa, klaa«.

Die ganze Gesellschaft folgt ihnen nach.

HAHNESAND *im Abgehen* Was meine Se, wieviel Perzent Provision?

LÖBCHE BÄR Judd oder Christ, der Schambes Gunderloch bescheißt uns all.

HAHNESAND Gott verzeih's ihm.

Alle ab, außer Knuzius und Klärchen

KNUZIUS *läuft umher* Das sind mir schöne Geschichten! Schöne Geschichten! Schöne Geschichten! Er blamiert mich! Er macht mich zum Gespött! Hab ich das nötig? Ich!? Wer bin ich denn?! Ich werd's ihm zeigen! Ich verbitte mir das!! Sakrament!! Herr Gunderloch, werd ich sagen, Herr, Sie . . . Herrgottsakrament!!!!!! Sie . . . *Er schnappt nach Luft.*

KLÄRCHEN Jetzt oder nie . . . *Zu Knuzius, mit dem Mut der Verzweiflung* Gustav! Ich muß dir was ins Ohr sage!!

KNUZIUS Ins Ohr? Was heißt ins Ohr, Hysterie! Hört doch gar keiner zu!

KLÄRCHEN   Gustav, das geht nit anders, das geht nur ins Ohr, das ... *Sie faßt beinah mit Gewalt seinen Kopf, zieht ihn an sich, sagt ihm was ins Ohr.*

KNUZIUS *mit offenem Mund, stammelnd, stotternd, fassungslos, ... plötzlich rennt er los, rufend, schreiend* Hee!! Gunderloch!!! Schwiegervater!!! *Er läuft noch einmal zurück, küßt Klärchen flüchtig aufs Haar* Schon dich, mein Kind, schon dich, komm ganz langsam nach, ganz langsam! *Schreiend, rennend* Schwiegerpapa! Großpapa! Gunderloch! *Ab.*

KLÄRCHEN *steht wie angewurzelt.*

Zweiter Akt

Nachts in der Landskron, Eismayers Wirtshaus, kleine Gaststube, an der Tür ein Schild: Reserviert. Vor den niedrigen Fenstern stehen Blumentöpfe mit großen bunten Herbstblumen. Im Hintergrund breite Flügeltür zum großen Saal, in dem getanzt wird. Mehrere Tische sind so verteilt, daß sich getrennte Gruppen bilden. An einem Tisch, auf dem noch die Reste vom Essen stehn und eine Menge leerer Flaschen, sitzen mit roten Köpfen, zum Teil in Hemdsärmeln, Stenz, Rindsfuß, Vogelsberger, Frau Rindsfuß, Fräulein Stenz, Annemarie Most, Gunderloch. An einem kleinen Extratisch, weiter vorne, Knuzius mit Klärchen. An einem dritten Tisch sitzen Hahnesand, Löbche Bär, Kurrle, Studienassessor Bruchmüller, Küfermeister Raunz. Eismayer, der Wirt, thront hinter einem kleinen Schanktisch. Babettchen geht mit Wein und Gläsern ab und zu. Die, welche nicht reden, hocken ziemlich stumpfsinnig beieinander. Die Veteranen Chinajockel, Stopski und Ulaneschorsch treiben sich angetrunken und aufdringlich bald im großen, bald im kleinen Saal herum. Sie haben allerlei Orden und Abzeichen auf der Brust, große Blumensträuße im Knopfloch, Zigarren im Mund, hinterm Ohr, an der Mütze, und trinken überall die halbvollen Gläser aus.

HAHNESAND   Jetzt wolle wir emal e Lied singe. *Er stimmt an*
»Wenn alles rar un teuer is,
Dann esse mer wääche Kees.
Wenn Schuh un Strümp verrisse sin,
Dann fahre mer in de Chaise.

CHOR   Nobel muß die Gaaß krepiern,
Holderi mit Heidelbiern.
Nobel muß die Gaaß krepiern,
Holderijaho.«

CHINAJOCKEL *am Weinhändlertisch* Es geht nichts über ein gemütliches Beisammensein im trauten Heimatlande und unter gebildeten Persönlichkeiten. Prosit, meine Damen! *Er trinkt ein Glas aus.*

LÖBCHE BÄR Wenn die nur saufe könne, wo se nix bezahlt hawwe.

KURRLE Dafür haben sie auch unser Vaterland verteidigt.

HAHNESAND Bei der Feldküch in Buxtehude.

LÖBCHE BÄR Beim dumme Schinnöserverein in Afrika.

BRUCHMÜLLER, *der beim Sprechen heftig mit der Zunge anstößt* Das können Sie als Fremdrassiger überhaupt nicht beurteilen.

KURRLE Ausnahmsweise ein verständiges Wort, Herr Assessor.

DER ALTE RAUNZ Trinkt, un schwätzt nit so viel.
Im Nebenzimmer beginnt die Tanzmusik.

HAHNESAND *steht auf* Gehüpft wie gesprunge, ich riskier ein. *Er engagiert Fräulein Stenz.*

VOGELSBERGER Macht doch die Tür zu, ma versteht ja sei eige Wort nit.

RINDSFUSS Wolle Sie e Red halte?

VOGELSBERGER Nein, aber der Wein schmeckt besser, wenn nit so viel Radau herrscht. *Babettchen schließt die Tür, die Musik wird leiser.*

STENZ Wie steht's jetzt mit der Versteigerung?

GUNDERLOCH Nix mehr von Geschäfte heut, meine Herren! Ich hab eine freudige Mitteilung zu machen. Eine Familiennachricht sozusagen.

KLÄRCHEN *versucht, ihm abzuwinken.*

ANNEMARIE Herr Gunderloch, die Herrn hawwe kein Wein mehr im Glas.

GUNDERLOCH Ja, da müsse wir erst emal die Gläser fülle, Eismayer!

EISMAYER *kommt mit neuen Flaschen zum Tisch* Bei uns wird morge geschlacht. E prima Sau. Mindestens fuffzig Würscht.

STENZ Da möcht ich mich höflichst zu Metzelsupp einjelade han!

EISMAYER Für zwei Mark zwanzig sin se eingelade un kriege nochs Wellfleisch umsunst.

VOGELSBERGER E teuer Vergnüge.

RINDSFUSS Was kost denn die Schweinsblas von eurer Sau? Ich möcht meiner Frau e neu Korsett mache lasse.

FRAU RINDSFUSS Schorsch! Du übertreibst!

BRUCHMÜLLER *zu Babettchen, die an seinem Tisch einschenkt* Mein schönes Fräulein, darf ich's wagen, Ihnen Hand und Fuß zum Tanze anzutragen?

BABETTCHEN Lasse Sie sich zuerst emal Ihrn Zungefehler operiern.

LÖBCHE BÄR Gratis abgestunke . . .

BRUCHMÜLLER Sie sin überhaupt gar nit gefragt.

LÖBCHE BÄR Ihne hätt ich auch nix geantwortet!

BRUCHMÜLLER   Gehen Sie doch nach Zion, Sie unverschämter Mensch!

KURRLE   Wacker, wacker.

LÖBCHE BÄR   Sie als Amtsperson sollte die Hetzerei sein lasse!

KURRLE   Wie's in den Wald hereinschallt, so schallt's heraus. Auf einen groben Klotz gehört ein grober Keil.

LÖBCHE BÄR   Bei Ihne paßt jedenfalls besser: Wer gut schmärt, der gut fährt.

BRUCHMÜLLER   Das ist eine Beamtenbeleidigung. Das brauchen Sie sich nicht zu gefallen zu gelassen!

DER ALTE RAUNZ   Halt die Schnäwwel un trinkt!

KNUZIUS *zu Klärchen*   Iß tüchtig, mein Kind, du ißt jetzt für zwei!!

KLÄRCHEN   Sei doch ruhig, Gustav!

GUNDERLOCH *tritt an ihren Tisch*   Na wie wär's, wenn wir jetzt die Verlobung publik mache deete?

KNUZIUS   Ich bitte sogar darum!

KLÄRCHEN   Ach lieber Vater, laß es doch heut noch sein.

KNUZIUS   Warum denn, warum denn?

KLÄRCHEN   Morge, wenn die Versteigerung glücklich zu End is, da geht doch alles in einem hin. Heut sin ja die meiste schon zu betrunke, die verstehe ja dei Red nit mehr.

GUNDERLOCH   Da is was Wahres dran.

ANNEMARIE *ist dazu getreten*   Wo all die Veteranen un überflüssige Winzerleut dabei sin, kost Sie's heut auch zu viel. Morge wird's um die Hälft billiger!

GUNDERLOCH   Du bist e Prachtmädche, Annemarie! So e Frau hätt ich gebraucht, da wär ich heut Millionär!

KLÄRCHEN *sieht Annemarie dankbar an.*

KNUZIUS   Das versteh ich nicht, wie man das warme Gefühl mit kalter Berechnung ersticken kann! Wo ist da das deutsche Gemüt und die rheinische Frohnatur?

GUNDERLOCH   Sie scheine's ja recht eilig zu hawwe!

KNUZIUS   Natürlich! Es drängt mich, Ihre Tochter ehrlich zu machen!

GUNDERLOCH   Die is ehrlich zur Welt komme, auch ohne Pfaff un Doktor!
Er geht ärgerlich mit Annemarie zum Weinhändlertisch zurück.

KNUZIUS *knurrend*   Ist das der Dank? Ist das der Dank? Ist das ein Familiensinn? Ein schöner Familiensinn ist mir das! Iß wenigstens tüchtig, damit's ein Bub gibt!

KLÄRCHEN *ißt verzweifelt.*
Die Tür zum Tanzsaal geht wieder auf, die Musik klingt laut und blechern.

HAHNESAND *tanzt mit Fräulein Stenz ins Zimmer, schwitzend, mit offenem Kragen. Er singt zur Musik.*

»Hopp Karlinche, Hopp Karlinche,
Morje is Sankt Josephstag . . .«

FRÄULEIN STENZ   Heiße Sie Joseph, Herr Hahnesand?

HAHNESAND   Ich? Mein Name is Jakob, der Joseph muß erst gemacht werde!

FRÄULEIN STENZ   Wie meine Sie das, Herr Hahnesand?

HAHNESAND   Wie der Pfarrer in der Kirch: seid fruchtbar, wach-
set und mehret euch!

FRÄULEIN STENZ   Pfui, da muß ich ja rot werde!

HAHNESAND   Schwitze tun mer sowieso, da merkt ma's nit!
*Die Musik hört auf, er führt Fräulein Stenz mit Kratzfuß zu
ihrem Platz zurück.*

EISMAYER   So e Sau hab ich seit zehn Jahr nit mehr im Stall gehabt! Die Fettschwarte hänge der nur so am Bauch herunner!

HAHNESAND *an seinem Tisch*   Jetz wolle wir e Lag auszähle! Wer
hält mit?

BRUCHMÜLLER   Allemal, allemal!

HAHNESAND   Ich zähl! Achtung:
»Ene . . . dene . . . dorz
De Teufel läßt en . . .
Drache steige,
Die Kordel is zu korz!« Sie sin dran!

BRUCHMÜLLER *mit heftigem Zungenstoßen* Das ist Schwindel, das
ist, wei, weil Sie bei sich angefangen haben, hätten Sie bei mir
angefangen, wären Sie dran!

HAHNESAND   Also nochemal, jetzt fange ich bei Ihne an:
»Ich will der was erzähle,
Von de alte Beele,
Wie se beienanner hocke
Un Kartoffel schäle.« Sie sin wieder dran!

BRUCHMÜLLER   Unerhört! Betrug! Gaunerei!

LÖBCHE BÄR   Bezählese, bezählese!!

BRUCHMÜLLER   Die Hebräer sauge mich aus!

KURRLE *schadenfroh*   Wer sich mit der Flöt einläßt, muß blase.

BRUCHMÜLLER *bezahlt empört eine Runde.*

EISMAYER   Ich laß die Sau photographiern vorm Schlachte, sonst
glaubt mir's keiner, wenn ich's später erzähl.

RINDSFUSS   Die Sau soll lebe, es is doch ihr letzte Nacht!

ALLE   Bravo, die Sau soll lebe!

RINDSFUSS *steht auf, singt*
»Seht ihr nit die Säu im Garte,
Seht ihr wie se wühle,
Seht ihr wie se Löcher grabe
In der gelbe Rübe.

CHOR   Spitz komm eraus
Un beiß en in die Baa.

                    Die Oser fresse die Dickworz aus,
                    Sie sin schon korz und klaa.
RINDSFUSS   Ei guckt emol die Sau im Garte,
                    Guckt emol was duutse,
                    's hot se en großer Hund gebisse,
                    Ei guckt emol was bluutse!!
CHOR   Spitz komm eraus
                    Und beiß en in die Baa . . .« *Und so weiter.*
ALLE   Bravo!! Prosit!! Uff die Sau!! Die Sau soll lebe!!
          *Die Veteranen kommen herein, um sich rasch am Anstoßen zu
          beteiligen.*
LÖBCHE BÄR   Wenn die e Glas klinge höre, rücke se geschlosse
          zum Angriff.
HAHNESAND   Das is dene ihr Attacke-Signal!
LÖBCHE BÄR *ahmt ein Signal nach* »Geschenkte Most, geschenkte
          Most, nix als wie geschenkte Most, de ganze Tag!«
HAHNESAND *ebenso* »Schenkt mer e Kirschwasser gleich, oder ich
          kreisch!!«
LÖBCHE BÄR »Steckt emol, steckt emol, steckt emol die Nos ins
          Glos!«
          Gelächter.
DIE VETERANEN *rücken drohend zusammen.*
CHINAJOCKEL   Gebt acht, ihr Judde, gleich sing ich euch auch e
          Lied!
KURRLE *meckert schadenfroh.*
LÖBCHE BÄR *nicht mehr ganz sicher, aber noch recht frech* Sie
          könne ja gar nit singe, sie hawwe ja ihr Stimm bei de Schin-
          nöser liege lasse!
CHINAJOCKEL   Ja, die Schinnöser, die hawwe mich e Lied gelernt,
          grad als ob se Sie gekennt hätte! Soll ich's emal zum beste
          gewwe?
BRUCHMÜLLER   Gib ihm, gib ihm!
ZURUFE   Druff! Uff die Judde!
CHINAJOCKEL *singt*
                    »De Izzig kommt geritte,
                    Mit Zizz, Kattun un Band,
                    O wei ihr arme Jidde,
                    Die Cholera is im Land.«
LÖBCHE BÄR *leise*   Hättst du se am Hals!
CHOR   »Drum juchheidi, juchheida,
                    Schnaps is gut für die Cholera,
                    Juchheidi, juchheida,
                    Judde sin kei da!«
CHINAJOCKEL *durch den Erfolg kühner gemacht, kommt jetzt un-
          verschämt nah an Löbches Tisch* Jetzt noch einer für die Kalle
          un de klää Kinderlich.

Er singt

>»Der Izzig Bär fährt mit der Sara
Zum Vergnügen übern Rhein.
Da steckt die Sara de Hintern rüber,
Un fällt in das Wasser rein.
Ei Gott der gerechte, ruft Izzig munter,

CHOR   Bimbre, bimbre beh, bimbre, bimbre beh,
Ein echter Jidd, der geht nit unter,
Bimbre, bimbre, bimbre, bimbre beh!!«

*Hahnesand und Löbche Bär, wütend, dicht zusammengerückt,
rächen sich durch spöttische Blicke und Handbewegungen.*
DER ALTE RAUNZ *erwacht plötzlich aus seinem Stumpfsinn und
beginnt, sich an der Judenverfolgung zu beteiligen, grölend
mit Bierbaß*

>»In Frankfurt in der Juddegaß
Da wohnt der Bäcker Beck.
Der steckt de Leut sein Arsch heraus
Und sagt, es wär en Weck!«

Er fällt wieder in Stumpfsinn. Brüllendes Gelächter.
GUNDERLOCH *steht auf, haut mit der Faust auf den Tisch* Schluß!
Genug!! Laßt die Judde in Ruh! Sie sind zwar beschnitte, sonst
aber Mensche wie wir.

DIE VETERANEN *retirieren.*
LÖBCHE BÄR   E gerechter Mann, sei Kinder solle alt werde.
HAHNESAND   Der weiß warum! Ohne die Judde könnt der sei
Geschäft mit dem liebe Herrgott mache!
CHINAJOCKEL   Nix für ungut! Die Hauptsach is, daß ma sich
amüsiert.
LÖBCHE BÄR   Uff meim Buckel!
VOGELSBERGER   E Glück, daß der Radau aufhört, ma kann ja kei
verständig Wort mehr über de Wein wechsele.
FRAU RINDSFUSS   Ich kann auch die Juden nicht leiden, sie haben
so was Tierisches.
FRÄULEIN STENZ   Aber es gibt doch so temperamentvolle Männer
dabei!
FRAU RINDSFUSS   Davon sollte ein junges Mädchen in deinem
Alter überhaupt noch nichts wissen.
VOGELSBERGER   Die junge Leut heutzutag, die hawwe gar kei
Schamgefühl mehr im Leib. Nix wie hockele, als nix wie hok-
kele! Wo sich e Meedche un en Bursch begegent, nix wie druff
un gehockelt! Es is wirklich e Schand!
STENZ   In Kölle, in Kölle passieren in der Beziehung die dollste
Jeschichte, dat soll ma gar nich für möglich halte! Pfui
Deubel nochemal! Bei der Jelegenheit möcht ich nich unter-
lasse han, Ihne det neuste Krätzje zu erzähle, Sie lache
sich kapott! *Er setzt sich in Positur* De Hennes hätt emal

in de Botz jetresse, da trifft er am Ring de Tünnes un de Maritzebill . . .

RINDSFUSS *mitten hinein*   Rede Sie lateinisch?

VOGELSBERGER   Ich glaub, das is aus'm Neue Testament!

STENZ   Dat is keine Bildung! Wissen Se was dat is? Einem Mit-menschen sein angefangene Witz zerstückele! Dat is ene hundsjemeine Schinderei!

EISMAYER   Redde Se ruhig weiter, ich übersetze es dene Herrn, die kei fremde Sprache könne. Da hat auf Hochdeutsch einer in die Hos gemacht.

VOGELSBERGER *haut auf den Tisch*   Ich merk's doch schon die ganze Zeit!

RINDSFUSS   Du Simpel, im Stenz sein Witz!
Gelächter. Die Tanzmusik hat wieder begonnen.

STENZ *setzt sich beleidigt*   Un dat wolle Kulturvölker sein.

JOCHEN MOST *tritt auf.*

KLÄRCHEN *möchte in den Boden versinken.*

KNUZIUS *merkt nichts.*

ANNEMARIE *will aufstehn und zu Jochen gehn.*

GUNDERLOCH *hält sie zurück*   Na, wohin denn, Meedche?

ANNEMARIE   Da is mein Bruder, Herr Gunderloch!

GUNDERLOCH   Zu dem kannste jeden Abend gehn! Heut wird bei mir gebliwwe!

ANNEMARIE   Zu gütig Herr Gunderloch!

JOCHEN *geht patzig auf Klärchens Tisch zu, setzt sich ohne Gruß an ihre freie Seite, Knuzius gegenüber, den er herausfordernd ansieht.*

GUNDERLOCH *spricht weiter*   Seht ihr, heut is mein erster Ab-schiedstag. Ich hab mir's zwar schon seit eme halbe Jahr vor-genomme, aber der Ernst der Sache ist mir nie so recht klar geworde. Jetzt, wo ihr all gekomme seid, um mich sozusage hier zu liquidiere, un wo mei Klärche glücklich is un sich ihrem zukünftige Lebensinhalt widmet, da gehn mir eigentlich erst die Auge auf! Vierzehn Tag bleibe mir noch, aber da heißt's jeden Tag Abschied nehme, von dem un von jenem, von Haus, Garten, Weinberg, Freunde, Wirtschaft, Ochs, Esel — *er sieht Annemarie an —,* na, un von so mancherlei, was ma vorher kaum angeguckt hat.

FRÄULEIN STENZ   Ja, so ist es im Leben eben, daß man den Wert dessen, was man hat, häufig erst erkennt, sobald man es ver-liert.

GUNDERLOCH   Das habe Sie wunderschön gesagt, mei Fräulein, könnte Sie mir das emal aufschreibe?

FRÄULEIN STENZ   Es ist im Leben häßlich eingerichtet, daß man vom Liebsten, was man hat . . .

GUNDERLOCH   Hört auf, Kinder hört auf . . . das sin alles echte

Dichterworte, das geht eim durch un durch, wenn man so was nicht gewöhnt is, ei hol's der Teufel, ich bin ganz gerührt...

ANNEMARIE Also Prosit, Herr Gunderloch! Aufs neue Leben!

GUNDERLOCH Ja, trinke ma drauf! Sein ma nochemal fidel! Lasse ma uns de Wein schmecke, liebe Leut, de Wein, wo unsereiner sein halbe Lebenszweck drin hat, un noch den von seine Vätter un Vorvorvätter, un wo wächst wie anderswo der Rogge oder die Kohle im Berg oder sonst was Gott walt un schalt, er is zwar vielleicht kein lebenswichtige Betrieb, wie ma heutzutag sagt, aber allzeit e Stückche Natur, e Stückche Element, e Stückche Kindstauf un Himmelfahrt, beim scheppe Bildche von Dotzem! 1920er Spätles, da stickt auch das letzte Feuer vom vergangene Herbst drin, das is so recht en Schluck für unsereiner, so en reifgewordene, so recht zum Abschiednehme!

ANNEMARIE Und zum Wiedersehen!

GUNDERLOCH Prosit Prosit, allerseits! Sage ma lieber gleich: Auf frohes glückliches Wiedersehn!

LÖBCHE BÄR Ich seh komme, der bleibt noch da.

EISMAYER Wenn ma die nächstjährige Sau schlachte, besuche Se uns.

RINDSFUSS Der kommt von seine Säu nit los!

GUNDERLOCH Prosit! Prosit!!

Alle sind leicht gerührt und stoßen mit ihm an. Es wird herzhaft getrunken.

JOCHEN MOST *hat inzwischen drohende Blicke mit Knuzius gewechselt.*

KNUZIUS *rutscht unruhig auf seinem Stuhl herum, begreift die Situation noch nicht, fühlt sich aber in seiner Burschenehre gekränkt.*

BABETTCHEN *nähert sich scheu und vorsichtig dem Tisch.*

KLÄRCHEN *sitzt auf heißen Kohlen.*

KNUZIUS *zu Babettchen* Bei euch verkehren sonderbare Leut. Da gibt's Kerle, die habe nit grüße gelernt! *Er dreht Jochen ostentativ den Rücken.*

KLÄRCHEN *versucht sofort, hinter seinem Rücken Jochen Zeichen zu geben.*

JOCHEN *tut, als merkte er nichts.*

BABETTCHEN Scheren Se sich nit drum, Herr Knuzius. Tanze Se lieber emal mit Ihrer Braut!

KNUZIUS Leider nicht möglich. Mein Fräulein Braut ist vorläufig aus Gesundheitsrücksichten verhindert. Nicht wahr, mein Kind? *Er versucht, sie zu tätscheln.*

KLÄRCHEN Gustav, sei doch still!

JOCHEN *senkt den Kopf, mit geballten Fäusten.*

KNUZIUS Aber mit Ihne, Fräulein, möcht ich mal ein schwinge! Erlaube Sie?

BABETTCHEN Mit Vergnügen, Herr Doktor!

KNUZIUS *zu Klärchen* Du gestattest doch.

Er klappt die Hacken vor Babettchen zusammen Darf ich bitten? *Führt sie in den Tanzsaal.*

GUNDERLOCH Deshalb wolle wir aber die Köpp nit hänge lasse! Seht ihr: Da geht e Paar zum Tanze, lasset uns dies ein gutes Beispiel sein! Alleh, Annemarie, so jung sin ma doch nit mehr beisamme! Springe ma eins! Hoppla! Gedanzt, wer kein Lump is!

Er singt »Heut is Kerb, morge is Kerb,
Bis de Dienstag abend!«
Geht mit Annemarie in den Tanzsaal.

STENZ Dat wär jelacht, wenn wa det Tanzbein nicht mehr schwinge könnte!

Er fordert Frau Rindsfuß auf, die gravitätisch annimmt.

HAHNESAND *zum Löbche* Meinste, ma kann's wieder riskiern?

LÖBCHE BÄR Uff dei Kapp! Ich will mei Ruh hawwe.

HAHNESAND De Kopp kann's nit koste. *Er engagiert Fräulein Stenz.*

EISMAYER *zu Kurrle* Bei meine Säu kann von Trichine gar kei Red nit sei.

KURRLE Darüber wird die amtliche Fleischbeschau entscheiden.

EISMAYER *leise* Für de Magistrat hab ich noch en Schinke in der Eß un e ganz Bütt voll Geräuchertes.

RINDSFUSS *zu Vogelsberger* De Schambes Gunderloch besäuft sich. Ob man jetzt nochemal die Preisfrag aufwirft?

VOGELSBERGER Die Rass kenn ich! Die wird vom Saufen immer härter wie e Kommißbrot im kalte Wasser.

RINDSFUSS Wie e Gäulsmaul vom Zügelroppe!

Sie tuscheln leise miteinander.

KLÄRCHEN *zaghaft* Jochen.

JOCHEN Schweig du! Wenn ich dich nit lieb hätt, würd ich en harte Ausdruck gebrauche.

KLÄRCHEN Jochen! Sei doch nit so grimmig! Hör mich doch erst an!

JOCHEN Aber den Kerl, mit seine angelaufene Schnitt im Gesicht und seine Wurschtfinger, den Saukerl, den mach ich kalt, dem hau ich die Himmelfahrt in Fetze, dem zerbrech ich jed Knöchelche im Leib!

KLÄRCHEN Aber Jochen! Du bist ja ganz falsch dran! Du weißt ja gar nit . . .

JOCHEN Nimmst dun auch noch in Schutz? Desto schlimmer ergeht's ihm! Jed gut Wort von dir kost ihm e Aug oder e Ripp!

KLÄRCHEN Jochen, ich hab doch nur dich lieb!

JOCHEN Ei, du verloge Nachteul, Gott verzeih mer's!

KLÄRCHEN   Jochen, es is die Wahrheit! Jochen, hör mich doch an!
Jochen!!

JOCHEN   Ich will nix wisse. *Er steht auf, setzt sich zu Küfermeister Raunz an den Tisch, der ihn stumpfsinnig anglotzt.
Gunderloch und Annemarie kommen vom Tanz zurück.*

GUNDERLOCH   Na, das geht noch für en alte Mann, he?

ANNEMARIE   Herr Gunderloch, Sie tanze wie en Spanier!

GUNDERLOCH   Ja, wie en spanische Krage so steif! Aber heiß
wird's eim dabei! *Am Tisch, gießt sich ein Glas voll.*

ANNEMARIE *rasch zu Klärchen*   Was is denn? Warum sitzt er da
drüwwe?

KLÄRCHEN   Er is wütig! Er läßt sich nix sage! Er will de Knuzius
verhaue!

ANNEMARIE   Das beste is, du gehst so schnell wie möglich fort!
Erwarte mich im Gärtche hinterm Haus. Ich bringe en zur Vernunft.

KLÄRCHEN   Ich glaub auch, ich geh besser, sonst gibt's noch e
Stecherei wege mir, Mut hat er genug.

ANNEMARIE   Im Gärtche warteste, bis ich komm!

KLÄRCHEN   Auf alle Fäll!
*Sie will gehen, aber die Musik hört plötzlich auf, die Tänzer
kommen aus dem Saal und versperren den Ausgang.*

KNUZIUS *verbeugt sich mit Hackenklappen vor Babettchen*   Man
dankt, gnädiges Fräulein.

BABETTCHEN   Oh, es war mir ein Vergnügen!

KNUZIUS *tritt zum Tisch Gunderlochs und der Weinhändler, er-
greift ein Glas*   Darf ich mir erlauben, aufs ganz Spezielle der
hochverehrlichen p. p. Honoratioren einen kräftigen sine sine
cum cum h. c. h. c. zu kommen?

VOGELSBERGER   In der Zeit hätt ich e Faß ausgesoffe!

KNUZIUS *trinkt unter allerlei Faxen. Die anderen tun ihm mürrisch
Bescheid.*

BABETTCHEN *bei Klärchen*   Ich kann nix dafür. Sei mir nit bös. Er
ist ja so scharf auf mich. Siehste nit? Er ist ganz außer sich, seit
er mit mir getanzt hat.

KNUZIUS *zu Jochen, der ihn höhnisch und haßerfüllt betrachtet*
Herr, wollen Sie mich fixieren?

JOCHEN   Dazu sind Sie mir viel zu gering.

KNUZIUS   Herr, ich darf Sie mal auf die Toilette bitten?

JOCHEN   Sie können Ihr Seng auch hier beziehe.

KNUZIUS   Sie, sind Sie denn überhaupt satisfaktionsfähig?

JOCHEN   Ich zeig dir's gleich! *Will auf ihn los.*

GUNDERLOCH   Was fällt euch denn ein? Krakeele, solang wir noch
nüchtern sin? Wo ich de Wein bezahlt hab? Schlagt euch anderswo die Nase blutig, aber nit auf meim Freimost! Wenn
hier einer rauft, dann rauf ich!! Verstande?!

KNUZIUS   Man hat doch schließlich sein Ehrgefühl.

GUNDERLOCH   Laß dir's einsalze!

KLÄRCHEN   Vater, ich geh heim. Mir isses nit gut.

GUNDERLOCH   Leg dich schlafe, mei Böppche.

KNUZIUS   Immer tief und ruhig atmen, tief und ruhig atmen, da
wird's wieder besser. Gute Nacht, mein Kind!

ANNEMARIE   Ich begleit sie heim. *Ab mit Klärchen*

RINDSFUSS   Meine Herrn, es muß was geschehn, es muß was geschehn, so geht das nit weiter! *Er schlägt ein paar Tenortöne
an.*

VOGELSBERGER   Als nix wie Radau. Ich bin froh, wenn die Tanze-
rei aufhört.

GUNDERLOCH   Der Rindsfuß hat recht, mir vergesse sonst ganz,
daß mir hier einen unvergeßlichen Moment durchlebe! Das
kann nit so sang- und klanglos abgehe!

RINDSFUSS   Ich schlage vor ›Teure Heimat‹ mit Tenorsolo.

GUNDERLOCH   Ja, daß Sie mit Ihrer klößhälsig Kehl protze könne.
Ich sage: ›Das Rehlein‹.

VOGELSBERGER   Macht's kurz, von jedem die Hälft.

GUNDERLOCH   Das Rehlein, da weiß ma, was ma hat.

FRAU RINDSFUSS   Mein Mann ist ausgebildet, bei ihm sitzt der
Ton ganz vorne, es hat die Stund fünf Mark gekost!

RINDSFUSS   Es liegt eine Krone, mit Einlage.

GUNDERLOCH   Ei, singe Sie doch Ihr Einlag daheim!

RINDSFUSS   Ich kann's ja lasse.

VOGELSBERGER   Gut, lasse ma's!

GUNDERLOCH   Schafsköpp. *Er trinkt empört.*

DIE VETERANEN *tauchen wieder auf, schwer betrunken.*

CHINAJOCKEL   Bei Tsching-sau, da hawwe mir dene Schinnöser
die Zöpp abgeschnitte, un hawwe unser Gewehrläuf damit
geputzt!

BRUCHMÜLLER *wird wach*   Ein Held! Ein echter Held!

CHINAJOCKEL   Ein so'n Zopp hab ich als Trophä mitgebracht, mei
Frau trägt en als Unterlag, aber schon so lang, daß ma's von
ihre natürliche Haar nit mehr unterscheide kann!

STOPSKI *singt*

»Wir tre-e-ten a-an die Hei-eimatreise,
Mit ei-einem Re-heservistenstock.«

CHINAJOCKEL *fällt ein*

»So leb denn wohl, du Vater Philipp,
Du Vater Philipp lebe wohl.«

BEIDE

»Bei dir hab ich so oft gesessen, gesessen
Mit Wasser und mit trocken Brot,
Trallallallala,
Mit Wasser und mit trocken Brot!«

ULANESCHORSCH *fällt mit heiserer Stimme ein*
>>So leb denn wohl, du Futtermeisterlein,
Schneide dir deine Häcksel selber klein.<<

ALLE DREI
>>So leb denn wohl, du Wachtmeisterlein,
Ich bin nicht mehr dein altes Schwein.<<
Sie ziehen grölend wieder ab.

BRUCHMÜLLER   Es geht doch nichts über echten deutschen Männergesang!

STENZ   Jesang! Dat nennt der Jung Jesang!

GUNDERLOCH   Ich hab ja gesagt, das Rehlein! Da hat wenigstens noch ein beherzigenswerte Text!

RINDSFUSS   Ich bin kein Spielverderber. Aber ich mein, wir wärn auch unserm Vaterland en Sung schuldig!

GUNDERLOCH   Bei dene neue Weinsteuern? Dafür solle mir auch noch singe? Das Rehlein, hab ich gesagt!

FRAU RINDSFUSS   Schorsch, gib nach.

RINDSFUSS   Da kann ich aber nur die zweit Stimm!

GUNDERLOCH   Wisse Sie, was Sie sin? Ein Querulant sin Sie!

RINDSFUSS   So was hat mir noch niemand gesagt.

GUNDERLOCH   Da wisse Se's jetzt.
Sie drehn einander die Rücken.

DER ALTE RAUNZ *hat sich aufgerappelt, haut plötzlich auf den Tisch und singt in einem Ton*
>>Dominus nostrus däus,
— *Sprich däus wie Läus!* —
Sankt Florian und Prospera,
Bewahr uns vor de Rebläus,
Und vor der Peronospera!<<

HAHNESAND   Bravo, Meister!

ALLE   Bravo!

BRUCHMÜLLER   Großartig, großartig! Dominus däus, großartig!

RAUNZ   Hawwe Sie was gesagt?

BRUCHMÜLLER   Ich mein: ein guter Wein, ein großartiger Wein!

RAUNZ   Das wollt ich nur wisse. *Verfällt in Stumpfsinn.*

BRUCHMÜLLER *zu Kurrle*   Ein guter Wein, ein schlechtes Latein!

KURRLE   Wem sagen Sie das?!

KNUZIUS *ist währenddessen zu Babettchen getreten und poussiert* Sehe Sie, Babettche, mei Braut is mir durchgange.

BABETTCHEN   Ach, Sie Schlimmer, Sie!

KNUZIUS   Wolle Sie mich nit e bißje tröste?

BABETTCHEN   Ich wollt schon, aber ich darf nit.

KNUZIUS   Sie dürfe, Babettche, wenn ich's Ihne erlaub, dürfe Sie!

BABETTCHEN   Sie mache ja nur Uz mit mir.

KNUZIUS   Habe Sie nit gesehe, wie eifersüchtig das Klärche schon war? Die weiß warum! Du schönste Blüte vom Mittelrhein!!

BABETTCHEN   Leise! Daß es keiner hört!

ANNEMARIE *kommt zurück, zieht Jochen beiseite*   Geh hinaus in de Hof, ich komm nach, ich hab dir was zu bestelle!

JOCHEN, *der unentwegt Knuzius anstiert, verbohrt*   Erst muß ich den Kerl verdrosche hawwe!

ANNEMARIE   Du Esel!

GUNDERLOCH   Annemarie, komm her, der Rindsfuß kann die Melodie nit, du mußt mir helfe, daß ich die erst Stimm nit verpatz! Meine Herrn, das Rehlein!

RINDSFUSS *steht mürrisch auf*   Teure Heimat wär besser gewese!

GUNDERLOCH   Jetzt wird's Maul gehalte un gesunge!!

STENZ   Ich hab mei Stimmjäbelche vergesse!

GUNDERLOCH   Da singe Se mit dem Messer! Alleh!

VOGELSBERGER   Erst nochemal die Gurgel geschwenkt!

GUNDERLOCH   Ich geb de Ton an: Achtung!!

DIE MÄNNER *singen, vierstimmig, stehend*
>Im grünen Wald, da wo das Rehlein springt,
Rehlein springt,
Und im Gebüsch so mancher Vogel singt,
Vogel singt,
Wo Tann und Fichte grünt am Waldessaum,
Waldessaum,
Verlebt ich meiner Jugend schönsten Traum,
Schönsten Traum.<

STOPSKI *erscheint mit den anderen Veteranen in der Saaltür, grölt mitten hinein in den schrillsten Tönen*
>Reich mir ein Weib vom Stamme der Tscherkessen,
Doch eine Jungfrau muß es sein!!<

GUNDERLOCH   Ruhe!!

DIE MÄNNER *singen weiter*
>Der Jäger schoß, da lag das Rehlein da,
Rehlein da,
Das man zuvor noch munter springen sah,
Springen sah . . .<

STOPSKI *noch lauter grölend*
>Und laßt mich ihre Brüste pressen . . .<

GUNDERLOCH   Jetzt ist's zuviel! Raus mit euch Hundsfotzegesindel.

ULANESCHORSCH   Mir sin kei Gesindel! Mir hawwes Vaterland verteidigt!

KNUZIUS   Haben se auch! Haben se auch!

JOCHEN   Das sin mir die rechte Verteidiger, die der verteidige muß!

BRUCHMÜLLER   Der Volkes Stimme ist auch eine Stimme! Was dem einen recht ist, ist dem andren . . .

GUNDERLOCH   Ruu-hee!! Wer noch ein Ton redt, den schmeiß ich handgreiflich hinaus!

ANNEMARIE Rege Se sich nit auf, Herr Gunderloch!

CHINAJOCKEL Das Maul will er uns verbiete? So gut war sein Wein nit gewese!

EISMAYER *nimmt Babettchen bei der Hand, hastig* Komm, nix wie enaus! Wenn's so anfängt, geht ma als Wirt am beste beiseit! Ich brauch mei Kräft morge beim Säusteche! *Ab mit Babettchen.*
Es hat sich bereits wüster Lärm erhoben, und von jetzt ab geschieht alles in wildem Tempo, zum Teil gleichzeitig.

BRUCHMÜLLER *versucht immer, piepsend und zungenstoßend durchzudringen* Was dem einen recht ist, ist dem . . .

GUNDERLOCH Wer mir hier mein Gesang verhunzt, das ist ein Hundsfott und bleibt ein Hundsfott und hat keine Kultur im Leibe!!

ULANESCHORSCH *ganz heiser* Zum Singe muß ma vor alle Dinge Stimm hawwe! Daran fehlt's euch!!

RINDSFUSS Da kann ma doch die puddelnackig Kränk kriege! Mir hätte kei Stimm! Raus mit dem Lümmel! Raus!

GUNDERLOCH Wer sagt hier raus! Hier hat keiner raus zu sage, eh ich sag raus: raus!!!!

VOGELSBERGER Der hat de Cäsarewahn.

STOPSKI Ihr traurige Ziviliste! Ihr habt ja nix erlebt! Ihr könnt überhaupt nit mitredde!

KNUZIUS Oho, oho!! Zwölf Bestimmungsmensuren, zwo schwere Säbel!

JOCHEN *immer gegen Knuzius* Das sin die lauteste Schreihäls, die ganz hinte gesesse hawwe un die Hose voll gehabt!

KNUZIUS Ehrenvolle Narben!!

JOCHEN Ihne hat en Bäcker mit dem Brotmesser de Backebart rasiert!

KNUZIUS Sie ordinärer Schiffig!!

JOCHEN Wart nur, ich komm dir!! *Auf ihn los.*

GUNDERLOCH *dazwischen* Schwerhacker noch enei! Alles sitze bleibe! *Es sitzt längst keiner mehr.*

BRUCHMÜLLER Ich sage, was dem einen recht ist, ist auch dem andren . . .

STOPSKI Nix erlebt habt ihr!! Mich hawwe die Hottentotten mit Giftpfeil beschosse! Die Kaffern hawwe mich mit Gnus un Känguruhs gehetzt!

STENZ Selbst Kaffer! Selbst Kaffer!

STOPSKI Ein Zeh hawwe mir die Engländer abgeschosse! Mein große Zeh hab ich meinem Kaiser gegebe!

RINDSFUSS Der wird e Freud gehabt hawwe!

STOPSKI Mein große Zeh!! Aber ich klopp mit vier Fußzeh noch besser Parademarsch wie ihr mit eure zwanzig!! Mit vier Fußzehn!! *Er kloppt.*

VOGELSBERGER   Ei was gehn uns denn dem sei dreckig Fußzehe
    an!

STOPSKI   Zweifle Sie? Ich zieh mein Stiffel aus!

RINDSFUSS   E gefährlicher Mensch!

BRUCHMÜLLER   Der Mann hat fürs Vaterland geblutet! Ich sage:
    Was dem einen recht . . .

ULANESCHORSCH   Schweige Sie!! Wer mein Kamerad beleidigt,
    der beleidigt mich!!

KNUZIUS   Ehrensache! Ehrensache!

JOCHEN   Sei du nur ruhig!!

GUNDERLOCH   Hab ich euch dafür de Wein bezahlt! *Er zieht sei-
    nen Rock aus.*

RINDSFUSS   Sie können ja wieder aus de Bäuch herauszappe.

GUNDERLOCH   Sie hawwe am meiste gesoffe!

RINDSFUSS   Hawwe Se was dagege? Ich scheiß auf Ihrn saure
    Wein!

FRAU RINDSFUSS   Schorsch! Misch dich nicht hinein! Sie schlage
    dich zum Krüppel!!

CHINAJOCKEL   *hat durch schrille Pfiffe andere Veteranen und Gäste
    herbeigerufen, die aus dem großen Saal unter seiner Führung
    hereindrängen*   Druff! Da sitze die Schieber!! Uff se! Haut se!
    Balbiert se! Kriegsgewinnler! Kapitaliste! Blutsauger!!

GUNDERLOCH   Wer noch en Mann is, packt zu!!! *Er packt einen
    Stuhl, schwingt ihn überm Kopf, geht auf die Veteranen los.*

STOPSKI *singt grölend*
    »Ihr wolln wir treu ergeben sein in Südwestafrika,
    Ihr wolln wir unser Leben weihn in Südwestafrika, Hurra!!«

GUNDERLOCH   Dir geb ich Hurra!! *Er schmeißt ihn hinaus.*
    Wildes Getümmel.

RUFE   Krie die Kränk aufm Christkindchemarkt! Gott verhaach
    die Äppelkist! 's bös Kreuz soll eneifahre! *Und so weiter.*

RAUNZ *hat sich erhoben, schmeißt ein Glas nach den Kämpfenden,
    trifft.*

VOGELSBERGER   Au! das sollste büße!!

RINDSFUSS   Druff! Helft ihm!

STENZ   Druff! Druff! Haut se! Haut se! *Er schreit am lautesten
    und hält sich am weitesten zurück.*
    Kampf aller gegen alle.

FRAU RINDSFUSS   Hilfe! Hilfe! Polizei!!

RAUNZ *wirft jetzt mit vollen Gläsern und Flaschen, deren Inhalt
    umherspritzt.*

ANNEMARIE *macht ein Fenster auf, hilft Frau Rindsfuß und Fräu-
    lein Stenz hinaus. Sämtliche Blumentöpfe fallen in die Stube.
    Annemarie bleibt und wirft mit Blumenerde und Scherben nach
    den Veteranen.*

JOCHEN *hat endlich Knuzius erwischt, im Vordergrund*   Hab ich

dich endlich! Du Spatzekopp! Du Hoseschisser! Du Hutsche-
bebbes!

KNUZIUS *versucht auszukommen* Herr ... Sie werden mir ...
mit der Waffe in der Hand ...

JOCHEN Da haste mei Waff! Schleif se! *Sie kämpfen verbittert*
wie die Hahnen, schon mit zerrissenen Röcken.

BRUCHMÜLLER *völlig mit Wein begossen, zeternd* Gerechtigkeit!
Abstimmung! Gerechtigkeit! Was dem einen recht ist, ist dem
andern ...

GUNDERLOCH *mächtig kämpfend* Hierher, wer kein Lump is! In
de Saal hinaus, da hammer Platz!!
Er, Stenz, Rindsfuß, Vogelsberger und Raunz drängen die
Veteranen in den Saal, wo der Kampf in verdoppelter Wut
entbrennt.

LÖBCHE BÄR UND HAHNESAND *haben sich hinter Eismayers verlas-*
senen Schänktisch verkrochen, jetzt stecken sie die Köpfe vor.

HAHNESAND Was sagst du dazu?

LÖBCHE BÄR Goyim naches ...

HAHNESAND Nur nit sehe lasse, sonst ziehe se uns auch hinein!

STIMMEN *draußen* Wo sin denn die Judde? Die Judde hawwe
sich gedrückt!

HAHNESAND Hörste?

LÖBCHE BÄR *bleich und zitternd* Der Herr sucht sei Volk heim.
Sie verschwinden wieder unterm Tisch.

JOCHEN UND KNUZIUS *kämpfen wie die Hähne immer noch allein.*

ANNEMARIE Jochen!! *Faßt ihn an.*

JOCHEN Weg!! *Schüttelt sie ab.*

ANNEMARIE Du Lump! Du Rauhbauz! Du Flözer! Glaubst du, so
kriegst du e Frau, daß du dich wie en Büffel benimmst?!

KNUZIUS *verschanzt sich hinter sie* Schäme Sie sich vor Ihrer
Schwester! Nehme Se doch Vernunft an! Was hab ich Ihne
denn getan?

JOCHEN Kein Pardon! Tod oder Lebe!
Draußen scheinen die Veteranen wieder Oberhand zu ge-
winnen. Kämpfende Gruppen in der Tür, darunter Musi-
kanten, die mit Trompete, Waldhorn und Bombardon drauf-
schlagen.

BRUCHMÜLLER *in erbärmlichem Zustand, steht hinter der Tür und*
hetzt.

GUNDERLOCH *erscheint jetzt mächtig in der Tür, drängt alle ande-*
ren zurück Raus! Raus! Raus! Raus! *Er kommt allein rück-*
wärts in die Stube gestampft.

STENZ *will mit ihm hineinschlüpfen* Wir zwei, wir zwei haben's
jeschafft!

GUNDERLOCH Auch raus!! *Stößt ihn mit dem Knie zurück,*
schmeißt die Tür zu So jetzt hammer die Arm frei!

STENZ *jammert draußen*   Mein Rockschoß! Mein Rockschoß is einjeklemmt!

GUNDERLOCH   Schneid ihn ab!
Er gewahrt Jochen und Knuzius, die sich um Annemarie herum wieder zu packen suchen, stürzt mit geschwungenen Fäusten drauflos, drängt sie zum Fenster, beide springen hinaus, purzeln übereinander in die Nacht.

GUNDERLOCH   Als eraus mit euch! Raus mit euch!

BRUCHMÜLLER *steht plötzlich hinter ihm*   Unerhört! Was dem einen recht ist, ist dem andren billig!

GUNDERLOCH   Sollst du haben! *Noch im gleichen Schwung wie Jochen und Knuzius fliegt Bruchmüller auch hinaus.*

GUNDERLOCH *steht allein mitten in der Stube, keuchend, mit strahlendem Gesicht.*

ANNEMARIE   Herr Gunderloch! Wie stark Sie sind!

GUNDERLOCH   Hach! Ich fühl mich wie neugebore!

KURRLE, *der während des ganzen Kampfes ruhig sitzenblieb und Aufzeichnungen machte*   Herr Gunderloch, ich habe die Ehre, Ihnen die Anerkennung der Behörden für Ihr tapferes Einschreiten auszusprechen. Alle andren sind zur Bestrafung notiert.

GUNDERLOCH   Recht so! Hier muß einmal ein Exempel statuiert werde!

ANNEMARIE *bringt ihm seinen Rock und ein volles Glas.*

LÖBCHE BÄR UND HAHNESAND *stecken die Köpfe hinterm Schanktisch vor*   Herzlichen Glückwunsch, Herr Gunderloch!
Die Schlacht geht draußen weiter.

Dritter Akt

Nacht. Mondschein. Aber schon rötlich im Osten. Eismayers Hof, links das Wirtshaus mit erleuchteten Fenstern, dahinter verworrener Lärm. Rechts die Scheune, der Schweinestall, der mächtige Misthaufen. Hintergrund: Obstgarten, ansteigende Weinberge. Jochen sitzt auf einem Prellstein, hat das Hosenbein aufgekrempelt, hantiert mit seinem Sacktuch.

JOCHEN   Knie verschmisse. Das kommt davon. Warum hawwe die Wirte auch Eckstein vorm Haus, wo so leicht einer dran verunglücke kann. Besonders wenn ma die Gaststub durchs Fenster verläßt. Wenigstens hat der Knuzius auch sei Fett. Das Herz lacht mir im Leib, wenn ich bedenk, wie dem sei Nas geblut hat! So en hochgestochene Säubutz!! Schnappt mir mei Klärche vorm Schnawwel eweg! *Er steht auf*   Ma meint, so e Mädche hätt kei Auge im Kopp. Da braucht nur einer herzu-

komme, der große Boge spuckt, mit eme Storchehals un Man-
schette un ranzig Pumad uffm Kopp, gleich glaubt se auch, er
hätt de längste! Wart nur ab! Du wirst dich noch vergucke
mit der Aristokratie!! *Er läuft umher* Schluß. Amen. Sela.
Deckel druff! Was da!! Es gibt mehr Mädcher auf der Welt!!
Obschon kaum e anderes die ranke Brustspitzjer hat, un der
Lewwerfleck, der goldig Lewwerfleck im Genick, ei da klappt
eims Taschenmesser im Sack auf, wenn ma dran denkt. Weg
damit!! Für die unglücklich Lieb sin mer nit geschaffe! Ma
kann's nit ändern un kann sich nit aufhänge. Dadefür sin die
Häls zu gut un die Strick zu schlecht! Erfrorn is erfrorn, verhagelt is verhagelt. Vielleicht hat sie in einem Jahr schon en
Faltebauch, un Schlabbertitze bis auf die Knie herunter. Wer
kann das vorher wisse? *Stampfend* Krieg Drilling mit deim
Knuzius!! *Er setzt sich wieder* Wenn ma's recht bedenkt, lebt
ma nit anders wie e Mück, die überm Wasser tanzt, oder e
Weinbergschneck. Ma soll nit die Hand drum wende! Gefresse,
gesoffe, getanzt und gestorbe. *Er denkt nach.*
*Annemarie und Klärchen erscheinen am Gartenzaun und beob-
achten ihn. Dann tritt Klärchen in den Schatten zurück und
Annemarie in den Hof.*
ANNEMARIE   Ei Jochen, was machst denn du so allein?
JOCHEN   Ich weiß nit. Ich denk nach.
ANNEMARIE   Das is ma doch bei dir gar nit gewöhnt! Was denkst
du denn?
JOCHEN   Weißt du noch, wie unsern selige Vater gesagt hat:
Wenn ma bei Mainz in de Rhein spuckt, da spuckt ma auch in
die Nordsee, weil's doch im Lauf der Zeit hinuntergeschwem-
melt wird. Da stickt en tiefere Sinn drin, aber es will mir nit
in de Kopp.
ANNEMARIE   Was redst du da?
JOCHEN   Ach, laß mich in Ruh. Mir is ganz schwibbelig.
ANNEMARIE   Jochen, ich glaub das is die Lieb.
JOCHEN *springt auf* Du bist verrückt.
ANNEMARIE   Jochen, ich hab dir was zu bestelle.
JOCHEN   Ich will nix höre! Gute Nacht!
ANNEMARIE   Das Klärche will dir was erklären!
JOCHEN   Schlechte Trostsprüch! Da dank ich dafür! Die Hinte-
nachschlepperei is nit mei Sach! Immer gelöscht un frisch ge-
lade, heißt en alte Rheinschiffersspruch.
ANNEMARIE   Sie hört alles! Sie ist ganz in der Näh!
JOCHEN   Meinetwege im Säustall! *Ab*
ANNEMARIE   Jochen, du Narr! Da läuft er . . .
KLÄRCHEN *kommt aus dem Garten* Ich lauf ihm nach!
ANNEMARIE   Das geht nit, er is ins Wirtshaus zurück.
KLÄRCHEN   Jetzt is mir alles gleich! Ich muß ihn sprechen!

ANNEMARIE   Morge is auch noch en Tag!

KLÄRCHEN   Dich möcht ich sehn, wenn du bis morge warte sollst!

ANNEMARIE   Ich? Auf was sollt ich denn warte?

KLÄRCHEN   Sicher nit auf de Heilige Geist!

ANNEMARIE   Du frech Oos!

KLÄRCHEN   Schimpf nit, oder ich kratz dir die Auge aus!! *Sie küßt sie ungestüm.*

Die Wirtshaustür geht auf.

GUNDERLOCH *tritt heraus, lugt in die Nacht*   Heda! Annemarie!

KLÄRCHEN   Mein Vater, der darf mich nit sehn!

ANNEMARIE   Da, geh hinter die Buchsbäum.

KLÄRCHEN *verschwindet im Garten.*

Der Mond geht unter, es wird stockdunkel, nur das Rostrot im Osten nimmt langsam zu. Man hört jetzt die Stimmen, fast ohne die Sprecher zu sehn.

GUNDERLOCH   Is da jemand?

ANNEMARIE   Suche Sie mich, Herr Gunderloch?

GUNDERLOCH   Justament, was machst denn du so allein im Dunkel?

ANNEMARIE   Ich weiß nit. Ich denk nach.

GUNDERLOCH   Das is ma doch bei dir gar nit gewöhnt! Was denkst du denn?

ANNEMARIE   Mein seliger Vater hat da immer so was gesagt ... von der Mainzer Straßebrück ... aber ich glaub, es hat sich auf was anderes bezoge. Ach Herr Gunderloch, das is ja alles nit wahr ...

GUNDERLOCH   Was?

ANNEMARIE   Ich weiß nit, ich bin nur so erschrocke, wie Sie mich plötzlich gerufe hawwe ...

GUNDERLOCH *kommt näher*   Aber Annemarie! Warum erschrickst de denn vor mir? Hab ich dir jemals was getan?

ANNEMARIE   Das nit, aber ...

GUNDERLOCH   Was für aber? Heraus damit!

ANNEMARIE   Sie könnte doch bös sein, weil ich nit in der Stub war.

GUNDERLOCH   Ach, in der Miststub! Die feiern Versöhnung da drin, auf mei Koste, nachdem die Veteranen vor mir ausgerisse sin, un komme sich vor wie die geschundene Helde von Gravelott, weil se e paar Beule am Schwelles hawwe. Das sin mir alles kei richtige Mensche. Du hast ganz recht, daß du nit hineingehst. Besoffe sin se auch, un eh du dich verguckst, knutscht dich einer ab.

ANNEMARIE   Das würd ich mir gar nit gefalle lasse.

GUNDERLOCH   Das könnt ich auch gar nit mitansehn. Das gäb Tote!

ANNEMARIE   Wirklich? Ach, is das schön von Ihne ...

GUNDERLOCH   Was denn . . .

ANNEMARIE   Daß es Tote gäb . . . ich mein . . . daß Sie mich so in
Schutz nehme . . .

GUNDERLOCH   Das is doch selbstverständlich! Das gehört sich
doch.

ANNEMARIE   Bei Ihne, da kann eim nix passiern.

GUNDERLOCH   Das wolle mer hoffe.

ANNEMARIE   Da fühlt man sich wohl un geborge.

GUNDRELOCH   Ja? Tut ma das?

ANNEMARIE   Ich mein . . . wenn's emal gefährlich wär . . .

GUNDERLOCH *dicht bei ihr*   Wenn's gefährlich wär . . .

ANNEMARIE *lacht kurz*   Es is aber gar nit gefährlich . . .

GUNDERLOCH   Annemarie . . . wenn's aber doch gefährlich wär . .

ANNEMARIE   Ich fürcht mich nit . . .

GUNDERLOCH   Gar nit?

ANNEMARIE   Nein . . . bei Ihne nit . . . doch . . . jetzt . . . e ganz
klei bißje . . . e winzig bißje . . . weil's doch so stichedunkel
is . . .

GUNDERLOCH   Annemarie, es brennt

ANNEMARIE   Wo denn?

GUNDERLOCH   Es brennt, Mädche. Merkste nix?

ANNEMARIE   Ja, . . . es wird ganz rot am Himmel . . .

GUNDERLOCH   Ach wo, da schummert's . . . aber hier, ganz in
unsrer Nähe . . . grad auf dem Fleck zwischen uns . . . da . . .
siehste nix?!

ANNEMARIE   Ich seh's nit — aber jetz — jetz spür ich's.

GUNDERLOCH   Ma kann's noch lösche.

ANNEMARIE   Es is aber kei Wasser da!

GUNDERLOCH   Weit un breit kein Troppe! Was macht ma denn
da?

ANNEMARIE   Ei brenne lasse!!

GUNDERLOCH   Und tüchtig hineinblase!! So!!! *Er faßt sie an, als
wolle er in ein Feuer blasen, und küßt sie auf den Mund.*

ANNEMARIE   Nein so!!! *Sie macht sich los, bläst ihn an.*

GUNDERLOCH   Und so! Und so! Und so!!! *Er küßt sie ab.*

ANNEMARIE *steht atemlos.*

GUNDERLOCH   Jetz, jetz is es ausgebroche! Jetz bläst der Wind
hinein! Jetz gibt's kei Lösche mehr!! Komm her! Komm!!

ANNEMARIE   Wohin denn. . . wo denn . . .

GUNDERLOCH *packt sie wieder an*   Hier, und da und da, und überall, dein Arm, und dein Rücke, dein Rücke, un dein Hals, dein
Hals, und da die Brust, un hier die Brust, un da das alles, du
schön herrlich Weibstück, das du bist, du Prachtmensch, du
Herbstapfel, du Sonnemost, du Obstgeschüttel, du Nußbäum-
che du!! *Er rüttelt und schüttelt und drückt und preßt und wir-
belt sie.*

ANNEMARIE   Nicht! Nicht! Ja, ja, ja! Ja, aber bitte, bitte nicht
hier, nicht hier!!

GUNDERLOCH   Hast du mich lieb, he, sag's, hast du mich lieb, he,
sag's, oder ich drück dich tot, hast du mich lieb?

ANNEMARIE   Ja, furchtbar, furchtbar, aber nicht hier, furchtbar
lieb, aber bitte, bitte nicht hier. Es guckt jemand zu, es ...
komm doch, komm fort ...

GUNDERLOCH   Keiner guckt zu! Un wenn einer zuguckt, dann soll
er sich schäme, daß er zuguckt!! Da komm, ins Gärtche!

ANNEMARIE   Nit ins Gärtche! Da is vielleicht jemand!

GUNDERLOCH *dröhnend* Is da jemand? Siehste, da is gar niemand!
Der is längst entwischt, wenn da jemand war. *Überschäumend*
Komm, komm her, da is es warm un grün und dunkel, da
hinte, in der Ligusterlaub, da hab ich als Bub die dicke grüne
Raupe geholt, da hab ich als junger Mensch oft gesesse, wenn's
geblitzt un gedonnert hat, un was ma sonst alles durchmacht,
Herrgott, in der Hitz un in der Kält, durch all die viele Jahr,
da will ich jetzt mit dir sein, noch einmal, das letztemal, das
letztemal unter dene Stern und dene dampfende Weinberg in
der letzt Nacht vorm Rauhreif, Annemarie!! Annemarie!! Der
Weinberg guckt uns zu, sonst keiner, un der Weinberg is fröhlich drum, der lacht und juchzt un dudelt un kreischt vor
Freud!!! *Er lacht laut, roh und zärtlich zugleich, schwingt sie
hoch, trägt sie ins Gartendunkel.*
Die Wirtshaustür geht auf.

RINDSFUSS   Hallo, Gunderloch! Ich glaub, der is heimgange.

VOGELSBERGER   Ich sag ja, der wird alt, der kann nix mehr vertrage.

STENZ   Die Hauptsach, daß er die Weinkist dagelasse hat.

EISMAYER   Vielleicht schlägt er nur sei Wasser ab.

RINDSFUSS   Sie bringe mich auf e gut Idee. *Er kommt heraus.*

STENZ   Dat is ene Rückständigkeit bei Ihne, Herr Eismayer, daß
ma jedesmal an die Puddeljrub laufe muß. Sie sollten e Be-
dürfnishäusje baue mit ene bequeme Anmarsch!

EISMAYER   Aber wo soll ich's denn hinstelle? Hüwwe is de
Schweinestall, un drüwwe verhunzt mer's die Aussicht.
Sie gehen über den Hof.

VOGELSBERGER *ins Wirtshaus zurück* Ihr mit eure Kon-
firmandebläsjer! Ich kann die ganz Nacht saufe un muß nit
eraus.

EISMAYER   Hier um die Eck herum. Gewwe Sie Obacht, daß Sie
nit in de Misthaufe falle!
*Sie verschwinden hinter der Scheune, von wo langes und an-
haltendes Plätschern erschallt.*

HAHNESAND *kommt mit Löbche Bär auf den Hof* Herr Bär! Sooft
ich mein Rücke verdreh, drängele Sie sich an Fräulein Stenz

heran. Ich bezeichne das als eine Geschmacklosigkeit und als ein Skandal! Gucke Sie mich nit auch noch so rohrspätzig an! Ich bin imstand un ... un ...

LÖBCHE BÄR No?

HAHNESAND ... Un red kei Wort mehr mit Ihne!

LÖBCHE BÄR Das bringe Sie ja gar nit fertig. Da sin Se in drei Tag pleite.

HAHNESAND Sie hawwe kei Gemüt und kei Bildung, merke Sie sich das!!

LÖBCHE BÄR Ihr Sorge möcht ich hawwe!
Beide gehen zurück ins Wirtshaus.

EISMAYER UND DIE WEINHÄNDLER *tauchen wieder auf.*

RINDSFUSS E schöne Nacht. Un so warm wie's noch is!

EISMAYER Es wird schon schummerisch. Mit dem erste Hahne-schrei stech ich mei Sau!

STENZ *singt*

>Ist der Herbst noch warm und trocken,
Kann man auch im Freien ... sitzen.«

RINDSFUSS Hat sich ausgesesse für uns alte Knacker.
Alle mit Gelächter ins Wirtshaus ab, aus dem dann in Ab-ständen der ›Hessedarmstädter‹ erschallt.

TEXT »Mir häwwe Beern
Un trinke geern
Un hun aach Beern
Uffs Brot zu schmeern.
Hessedammschdädder saan meer!
Unsern Großherzog, der soll lebe,
Und die Großherzogin auch danebe
Unsern großer-großer-großer Großherzog,
Der soll lebe, lebe, lebe hoch!!«

KLÄRCHEN *taucht am Gartenzaun auf* Fort, nix wie fort. Hier halt ich's nit aus, ... hier brennt's! Hier brennt's, ringsherum, da, wo sie gestande sin, un dort, in der Ligusterlaub, un am Him-mel die Wolk, un die Stern, un die Weinberg, un die ganz Nacht ... Herrgott, ich richt was an!! Ich leg Feuer! Ich steck das Dorf in Flamme!! So e Nacht ... Un es kracht un knistert in alle Bäum ... Un ich bin da, un bin allein! Un hab die Arm frei, un kann se nit rege ...!! Schreie möcht ich! Laut schreie! Daß alles zusammefällt! Die Weinberg zertrampele wie Maul-wurfhügel, die Kelterfässer umschütte, daß alles in Most er-säuft ... Jetzt lauf ich los!! Nix wie los! Los, über die Stoppel-felder, los über die Krautäcker, über die Zäun, über die Hecke weg, bis ich nit mehr kann ... Bis ich mei Stimm nit mehr hör, bis mir die Ohre sause, bis mer das Herz zum Hals heraus-kommt ... Dann brech ich samme, un wenn ich Glück hab, steh ich nie mehr auf!!! *Sie rennt los, prallt fast auf ...*

JOCHEN, *der mit einem Handkoffer aus der Seitentür des Wirts-*
hauses kommt.

KLÄRCHEN   Platz!

JOCHEN   Wer da . . . Annemarie?!

KLÄRCHEN   Weg da! Ich renn! Ich renn! *Sie läuft fort.*

JOCHEN   Wer denn . . . Wer is denn das . . . Das is ja . . .

KLÄRCHEN *schon weit*   Ho! Ich renn! Hoho! Ich renn!!

JOCHEN   Klärchen!! *Rennt wie wild hinterher.*

GUNDERLOCH UND ANNEMARIE *tauchen am Zaun auf.*

GUNDERLOCH   War da nit jemand? Hat da einer gerufe?

ANNEMARIE   Ich weiß nit. Ich hab kei Höre un kei Sehe mehr.

GUNDERLOCH   Ich seh dei Gesicht. Das hat mit geschiene in der
dunkle Ligusterlaub wie en Vollmond überm Wald.

ANNEMARIE   Die Nacht trägt uns hin, mir is, ich wär e Stückche
Schilf oder e Hölzche im breite Rhein.

GUNDERLOCH   Geb mir dei Händ! *Er küßt ihr schnell die Hände.*

ANNEMARIE *zieht sie weg*   Nein! Mei schlechte Händ . . .

GUNDERLOCH   Das hab ich noch niemals getan.

ANNEMARIE   Verzeih mir's.

GUNDERLOCH   Verzeihe? Ich dank dir's! Ich dank dir's, solang ich
leb.

ANNEMARIE   Ich hab dich lieb wie niemand auf der Welt.

GUNDERLOCH   So soll es sein und bleibe.

Sie verschwinden im Gebüsch.

GESANG *aus der Wirtschaft, im Kanon*

>>Himmelherrgottsakrament,
Der Wenzel hot sich uffgehängt.
Hätt er sich nicht uffgehängt,
Da wär er heut noch da.<<

KNUZIUS *erscheint in der Seitentür, zieht Babettchen mit sich.*

BABETTCHEN   Nicht doch! Herr Knuzius! Was mache Sie
denn! Pfui! Was soll ich denn da draus? Bleib doch im
Hausgang!

KNUZIUS   Die Natur! Mein Kind, die Natur! Die Nachtluft,
hupp . . . Der gestirnte Himmel! Das ist groß. Das ist ewig!
Daran hat man sich jedenfalls zu halten. *Er kneift sie in den
Popo.*

BABETTCHEN   Obacht! Sie renne in de Misthaufe!

KNUZIUS   Was heißt hier Misthaufe, ich liebe dich.

BABETTCHEN   Gustav! Ich kann's gar nit glaube!

KNUZIUS   Weib! Mach mich nit rasend! Du kennst mich nit in
meiner Wut! Ich bin eine brutale Eroberernatur! Ich habe einmal eine Fürstin Pleß entjungfert! Ich lasse mir so was nicht
zweimal bieten! Du mußt mir glaube!

BABETTCHEN *skeptisch*   Ich will's ja glaube, es ist mir nur wege
dem Klärche, du hast dich doch heut abend erst verlobt!

KNUZIUS *plötzlich unter der Wirkung der Nachtluft haltlos betrunken* Das ist mir egal. Das ist mir alles ganz egal. Mir? *Mit blödem Lachen* Mir is überhaupt alles egal. Wo ... wo war denn hier dieser Mi ... Mi ... dieser Mi ... Misthaufen ... dieser elende ...

BABETTCHEN   Du trampelst ja drauf herum!

KNUZIUS   Auf meiner Ehre! Er trampelt fortgesetzt auf meiner Ehre herum! Da trampelt einer auf meiner Ehre herum! Ich spür's! Ich spür's ganz deutlich!!

BABETTCHEN   Gustav! Komm doch zu dir!

KNUZIUS   Dieser Gunderloch!! Dieser versaute, verfaulte, verlauste, verluderte Rebstock, an dem nur noch Spinnweb un Spatzedreck hängt!

BABETTCHEN   Ich glaub, es regt sich was in de Büsch!

KNUZIUS   Regt sich ... regt sich was ... wo regt sich ... regt sich was ... wo ist denn der Mi ... der Misthaufen ... der Regtsichwas ...

BABETTCHEN   Jetzt lauf ich in die Stub!

KNUZIUS   Bleib, bleib! Du mein einziger Trost! Mein letzter Halt im Unglück!

BABETTCHEN   Jetzt flennt er auch noch ...

KNUZIUS   Komm näher. Komm näher. Ganz nah. Ich will es dir anvertrauen. Dir ganz allein. Sonst keinem auf dieser Welt.

BABETTCHEN   Vielleicht lieber morge früh!

KNUZIUS *mit dumpfer Stimme* Ich bin schwanger.

BABETTCHEN   Was!?

KNUZIUS   Man hat mich überlistet. Ich kann mir selbst gar nicht mehr vorstellen, wie das passiert ist. Herrgott, mein Gedächtnis. Alles vergessen. Alles weg.

BABETTCHEN   Dann wird's auch nicht so schlimm gewese sein!

KNUZIUS   Man hat mir einen Schlaftrunk gegeben! Man hat mir mein Jawort abgelistet. Man will meinen alten adligen Namen kaufen. Man will meinen blühenden Nacken ins herbe Joch der Ehe zwängen!!

BABETTCHEN   Also Herr Knuzius, ich will nix mehr höre! Ich laß mich von Ihre Sprüch nit eiwickele! So dumm wie's Klärche is nit jedes! Merke Sie sich das!

KNUZIUS   Weib! Reiz mich nit! Mach mich nicht zum Urtier! Ich bin ein Mann! Ich habe gewaltige Instinkte! Ich habe einmal eine Fürstin Windischgrätz ... nein Pleß, Fürstin Pleß ...

BABETTCHEN   Wenn's Ihne ernst is, gehe Se morge hin un mache Se die Verlobung rückgängig! Dann könne ma weiter redde!

KNUZIUS *greift nach ihr* Ich mach dich kalt, ich will deinen weißen Leib! Du Germanentochter! Du junge Eiche! Du Wunschmaid!!

BABETTCHEN *weicht ihm aus, daß er hinfällt* Das hast du dafür, wenn de mich auch noch beschimpfe willst!

KNUZIUS *wälzt sich auf dem Misthaufen* Setz mir den Fuß auf den Nacken! Gib mich dir hin!!

BABETTCHEN Das könnt Ihne so passe! E arm Mädche erst gebrauche un hinnerher sitzelasse. Auch noch im Suff! So ham mir nit gewett! Das könne Sie mit Ihrer Fürstin Freß mache, mit mir nit!! *Sie läuft fort.*

KNUZIUS *auf dem Misthaufen allein* Pleß, Fürstin Pleß! Pleß und Leinungen, verlängerte Linie. Is ja alles Schwindel. Fürstin Pleß. Die hatte lauter . . . lauter so Grafenkronen da unten, in der Wäsche . . . is ja alles nicht wahr. Mensch, is ja alles gelogen. Das könnte dir so passe, Mensch: Fürstin Pleß! Das war ein Weib . . . Das war . . . ja . . . alles gelogen . . . alles . . . Das waren noch Zeiten . . . Mensch, is alles Quatsch, alles Quatsch! Hier muß doch irgendwo mal ein Misthaufen gewesen sein. Es riecht so komisch . . . Ich habe einmal eine Fürstin Pleß entjungfert . . . *Er schläft ein, beginnt zu schnarchen.*

GUNDERLOCH UND ANNEMARIE *am Gartenzaun*

GUNDERLOCH Da liegt das Stückche Elend. Ma sollt's mit der Mistgawwel in die Grub scheppe!

ANNEMARIE Das wär noch zu viel Müh drum. Am beste läßt man liege, wo er liegt.

GUNDERLOCH Das wär auch meine Ansicht von der Sach, wenn ich mich nit so bösartig mit ihm in die Nessel gesetzt hätt. Ei, wo hab ich denn mei Auge gehabt? Dem Kerl hab ich mei Kind versproche?!

ANNEMARIE Nehm's ihm wieder ab.

GUNDERLOCH Das is leicht gesagt. Aber du weißt ja nit . . . Du weißt ja noch gar nit, was da passiert is . . .

ANNEMARIE Vielleicht weiß ich's besser als du!

GUNDERLOCH Ausgeschlosse! Das kannst du gar nit wisse! Durch mei Dummheit is es passiert! Ach, ich Narr! Hätt ich nur vorher mit dir drüwwer gesproche!

ANNEMARIE Still . . . da hör ich was komme . . .

GUNDERLOCH Nix wie Störung un Ärgernis! Wolle die uns denn mit Gewalt die Nacht verderbe? Komm, wir gehn heim . . .

ANNEMARIE Ich bitt dich bleib, hier im Gärtche, hinner die Buchsbäum!

GUNDERLOCH Wo uns alleweil einer stört!

ANNEMARIE Laß dich jetzt emal störn . . . Vielleicht is was Gutes dabei . . . Vielleicht kriegst du da die Antwort auf dei Frage, besser als sie irgendeiner gewwe kann!

GUNDERLOCH Jetz kapier ich kei Wort mehr.

ANNEMARIE Vertraust du mir?

GUNDERLOCH Auf Tod un Lebe!

ANNEMARIE   Dann komm rasch hinter die Buchsbäum un schweig zu allem, was du siehst . . .
Sie verschwinden.

JOCHEN UND KLÄRCHEN *kommen beide atemlos angerannt.*

JOCHEN   Klärchen! Bleib doch emal stehn!!

KLÄRCHEN   Halt mich doch fest, wenn du kannst.

JOCHEN   Jetzt verstell ich dir de Weg!

KLÄRCHEN   Ich schlag en Hacke!

JOCHEN   Ich treib dich an de Zaun.

KLÄRCHEN   Gepfiffe!! *Sie entweicht ihm durch die Gartenpforte, wirft sie zu.*

JOCHEN   Jetzt erst recht! *Springt über den Zaun, faßt sie.*

KLÄRCHEN   Loslasse! Ich beiß!

JOCHEN   Ich auch!

KLÄRCHEN   Ich kratz!

JOCHEN   Ich auch!

KLÄRCHEN   Ich . . . Jochen, ich . . .

JOCHEN   Ich auch!!
Er küßt sie besinnungslos und lange. Dann lassen sie sich plötzlich los und sehen beide weg.

KLÄRCHEN *macht die Gartenpforte zu, kommt in den Hof.*

JOCHEN *steht am Zaun, guckt unter sich.*

KLÄRCHEN *wartet, schielt ihn an, macht ein paar Schritte weg, wartet, schielt wieder zu ihm, sieht plötzlich sein aufgekrempeltes Hosenbein, das Sacktuch ums Knie, macht einen Schritt zu ihm.*

KLÄRCHEN   Ei da is ja Blut!

JOCHEN   Ach so e bißje Blut. Das hat nix zu sage.
Pause.

KLÄRCHEN   Da liegt was. *Sie hebt Jochens Handkoffer auf, den er bei der Verfolgung weggeworfen hat.*

JOCHEN   Mei Gepäck.

KLÄRCHEN   Was tut denn das hier?

JOCHEN   Ich wollt mit dem Frühzug verreise.

KLÄRCHEN   Bis zum Frühzug is noch e halb Stund Zeit.

JOCHEN   Ja.

KLÄRCHEN   Da kann ma noch Kaffee koche.

JOCHEN *plötzlich auf sie los* Klärche! Treib's nit zum Äußerste! Mach mich nit rasend! *Er reißt ihr den Handkoffer weg* Ich bin imstand un könnt dir mit mei'm Gepäck de Schädel spalte!

KLÄRCHEN   Jochen! Du Ries! Du Wilder!!

JOCHEN   Klärche, versuch nit dein Spott mit mir zu treibe! Versuch's nit! Ich rat dir gut . . . ich . . . heilig Kreuz von Haxem nochenei!!! *Er rennt auf sie zu mit geschwungenen Fäusten.*

KLÄRCHEN *im Kreis fliehend*   Jochen! Tu mir nix! Tu mir was!
Schon mich! Mord mich! Laß mich los! Halt mich! Pack mich!
Halt mich!

JOCHEN *hat sie erwischt*   Klärche! Du Wildkatz! Giftschlang! Du
Stechmück! Ich zerquetsch dich! Ich brech dir die Zähn aus!!

KLÄRCHEN   Jochen, mach was de willst! Ich lieb dich!!

JOCHEN *hat sie an den Haaren und am Genick*   Jetzt laß ich dich
nit mehr los! Jetzt will ich alles wisse! Jetzt gesteh! Gesteh,
oder dei letzt Glöckche hat gebimmelt! Gesteh, sag ich!!

KLÄRCHEN   Jochen, . . . ich krieg ja kei Luft . . . Jochen, ich lieb
dich!!

JOCHEN   Gesteh! Der Säukerl, der Knuzius, der hat da was gesagt, wenn das wahr is, Klärche, wenn das wahr is . . .

KLÄRCHEN   Laß doch mei Gurgel los, ich kann ja nit redde! So!
Sie küßt ihn.

JOCHEN   Níx geküßt! Gestande!!

KLÄRCHEN   Jochen! Du Narr! Du lieber geuzter Narr du! Das war
doch alles geloge! Das warn doch nix wie Fizzemadende!!

JOCHEN *läßt sie los*   Wahrhaftig?

KLÄRCHEN   So wahr ich leb!

JOCHEN   Du kriegst gar kei Kind?

KLÄRCHEN   Ach wo! Von dem Spatzekopp! Ich bin doch nit verrückt! Das warn alles nur Schlich, damit er mich in Ruh läßt
ohne Skandal, un daß wir en Weg finde, wie ich ihn los werd!
Die Annemarie hat's mir gerate!

JOCHEN   Mir fällt en Stein vom Herz!

KLÄRCHEN   Mir auch!

JOCHEN   Klärche, ich hätt's nit überlebt!

KLÄRCHEN   Geh haam!

JOCHEN   Grad hatt ich zu mir selber gesagt: En Stein um de Hals,
un von der Straßebrück erunner, wo's am tiefste is!

KLÄRCHEN   »Immer gelöscht und frisch gelade«, hab ich dich sage
höre!

JOCHEN   Ach Klärche, was ma red, is alles Blumekohl! Was ma
spürt, Klärche! Nur was ma spürt!

KLÄRCHEN   Gespürt hab ich's immer!

JOCHEN   Ich auch! Ich auch!

KLÄRCHEN   Un jetzt is es Wahrheit worde!

JOCHEN   Ich kann's noch gar nit fasse!

KLÄRCHEN   Faß es rasch, es wird schon bald Tag!

JOCHEN *laut jubelnd*   Klärche! Mei Herzgeboppeltes! Mei goldig
Weinträubche!
Sie umarmen sich.

KNUZIUS *auf dem Misthaufen, schnarcht.*

KLÄRCHEN   Da schnarcht einer!

JOCHEN   Ach wo, das sin die Säu im Stall!

KLÄRCHEN   Und was das andere angeht, mit der Jungfernschaft, da sagt die Annemarie, daß das für die Lieb gar keine Roll kann spielen, und wo man zum erstenmal ganz glücklich ist, da wär denn auch die erste wahre Jungfernschaft!

JOCHEN   Da muß mei Schwester recht hawwe. Wenn ma's bedenkt, ... ich bin ja schließlich auch kei Jungfrau mehr, un steh doch vor dir, Klärche, als wär's zum erstemal!

KLÄRCHEN   Zum erstemal!

JOCHEN   Zum erstemal ... komm Klärche! In de Garte! In die Ligusterlaub!

KLÄRCHEN   Ja, in die Ligusterlaub! Jetzt ist sie leer!

JOCHEN   Natürlich ist sie leer! Wer soll denn da drin sein? Da kommt niemand hinein, als die, wo sich zum erstemal richtig un wahrhaftig liebhawwe! Komm!

KLÄRCHEN   Komm!!

Er schwingt sie hoch und trägt sie ins Gartendunkel.

Der Himmel wird immer heller, die Umrisse der Weinberge beginnen sich scharf abzuheben, der Wind kommt frisch vom Fluß, kühler Tau fällt. Im Hof und im Garten herrscht noch tiefe Dämmerung.

HAHNESAND UND FRÄULEIN STENZ *kommen heraus.*

HAHNESAND   Deshalb braucht ma doch nit gleich zu flenne!

FRÄULEIN STENZ   Achott, achott ...

HAHNESAND   Was Ihne der Bär erzählt, is all geloge! Ich hab gar kei Braut in Weisenau! Ich bin noch frei! Ich mein's ehrlich!

FRÄULEIN STENZ   Achott, achott!

HAHNESAND   Julia! Weine nicht!

FRÄULEIN STENZ   Ach, es ist alles so erschütternd! Mein Herz! Mein Busen!

HAHNESAND   Mei lang Lebe: Ich liebe dich!

FRÄULEIN STENZ   Jakob!

KNUZIUS *auf dem Misthaufen, rülpst im Schlaf und stöhnt.*

FRÄULEIN STENZ   O weh! Gespenster! Mörder!

HAHNESAND   Das warn die Ochse in ihrm Käfig, sonst nix.

FRÄULEIN STENZ   Huhu! Ich fürcht mich! Ich zittere!

HAHNESAND   Komm her! Ich deck dich mit meim Leib!

FRÄULEIN STENZ   Schütze mich!

HAHNESAND   Da, die Scheuertür is auf, schlupp enei, da sin ma sicher!

FRÄULEIN STENZ   Ach nein, ach wie schrecklich, wie maßlos! Ich vergehe!

HAHNESAND   Drin, in der Scheuer, im Stroh!

FRÄULEIN STENZ   Sag, aus Liebe! Nur aus Liebe! Sag's!

HAHNESAND   Aus Liebe, aber schnell!

FRÄULEIN STENZ   O Jakob, Jakob ...

Beide ab in die Scheuer.

Ein Hahn kräht.

EISMAYER *erscheint auf dem Hof*   Holla! Knecht, Mägd! Aufgestande! In die Scheuer! An die Arbeit! Bringt die Blutschüssel
mit un macht heiß Wasser fertig! Alleh hopp! Depeschiert
euch!

*Fenster gehen auf, Lichter an, man hört lautes Gähnen,
Schimpfen, Brummen, während des Folgenden schlurfen
Knechte und Mägde über den Hof, noch verschlafen, unge-
waschen, gehen mit Geräten in die Scheuer.*

KURRLE *in Amtsuniform, erscheint hinter dem Haus, kommt auf
den Hof*   Gute Morge, Eismayer.

EISMAYER   Ei, so früh schon aufgestande! *Er ruft*   Babett! Laß
die Hinkel heraus! Schließ die Gartepfort zu, daß se mir nit die
Beet verscharre!

BABETTCHEN *erscheint, schließt die Gartentür, sieht Knuzius auf
dem Misthaufen liegen, geht schnell hin, versucht, ihn zu wek-
ken, er dreht sich auf die andere Seite.*

KURRLE   Ihre Gäste sind wohl noch auf?

EISMAYER   Ja, die könne nit genug kriege. Babett, was machst de
denn am Misthaufe? Los, in die Scheuer!

BABETTCHEN *geht ab in die Scheuer.*

EISMAYER   Ich laß eweil alles vorbereite, wenn die Sonn aufgeht,
steche ma.

GESANG DER MÄGDE *aus der Scheuer, langgezogen und müde*
    »Warum weinst du, schöne Gärtnersfrau,
      Weinst du um der Veilchen dunkles Blau
      Oder um die Rosen, die man bricht,
      O nein, o nein, all darum wein ich nicht.«

KURRLE   Die Herrschaften wollen wohl mit dem Frühzug weg-
fahren. Die Versteigerung ist auf sechs Uhr angesetzt. Vorher
will ich sie noch vernehmen.

EISMAYER   Vernehmen?

KURRLE   Die Veteranen haben eine Klage eingebracht, auf Kör-
perverletzung und Beleidigung. Ich denke, damit läßt sich was
machen.

EISMAYER   Glaube Se nur nit, Sie könnte dene was abzappe! Die
sin so dürr in ihrm Geiz wie en zehnjährige Geißbock. Ehnder
gibt Ihne mei Sau e Trinkgeld, als einer von dene Krüppel.

KURRLE   Wer spricht hier von Trinkgeld. Bitte recht sehr. Sind sie
denn wenigstens guter Laune?

EISMAYER   Schicker sin se, aber grüppig, als wenn se Essig gesoffe hätte.

KURRLE   Dann muß ich wohl die Kandare ziemlich straff ziehn.

EISMAYER   Das könnt nix schade. Wisse Sie was? Es gibt heutzu-
tage kei noble Leut mehr. Als Gastwirt merkt ma's.

KURRLE   Das sind die traurigen Folgen der Revolution.

EISMAYER Das ist alles, weil die uns den Dolch in de Rücke gebohrt hawwe. Darunter leide mir heut auch in der Viehzucht.
Aber ma sagt ja, es soll bald wieder anders werde!

KURRLE Ja, es geht manches vor, was mancher nicht ahnt.

EISMAYER Im große ganze is mir's ja egal. Ich mein nur, es geht
nit so weiter.

KURRLE Volksgesundheit, mein lieber Eismayer, Volksgesundheit. Daran fehlt's.

EISMAYER Möglich, mache Sie de Fleischbeschau selber?

KURRLE Gleich nach der Versteigerung.

EISMAYER Ich denk, mir halte's wie immer. Die Lewwerwürscht
un de Blutmage schick ich gleich Ihrer Frau enüwwer.

KURRLE Alles in Ordnung! Steche Se gut.

EISMAYER Danke! Die Sau, wo ich stech, braucht kein Veterinär
mehr! *Sie schütteln sich die Hände. Gejohl aus der Scheuer.
Gleich darauf stürzen Fräulein Stenz, weinend, und Hahnesand, schimpfend, heraus. Babettchen und die Mägde johlend
hinter ihnen her.*

BABETTCHEN Wenn ihr euch schon im Stroh versteckt, müßt ihr
e bißje tiefer krawwele, daß die Stiffel nit erausgucke!

FRÄULEIN STENZ *läuft heulend ins Haus.*

HAHNESAND Was wollt ihr denn? Es is ja gar nix passiert! Halt
euer boshafte Schnäwwel! E anständig Mädche beleidige, das
is kei Lebensart! Ihr Dreckbauern!

KURRLE Herr, mäßigen Sie sich! Wenn Sie das sittliche Empfin-
den unserer unverdorbenen Bevölkerung verletzen, haben Sie
sich die Folgen selbst zuzuschreiben!

EISMAYER Es gibt kei Kavalier mehr heutzutag! Hätte Sie mir
was gesagt un mit de Auge geblinkert, wie sich's gehört, da
hätt ich Ihne e verschwiegene Stub gewwe.

HAHNESAND Ich hab gedacht, ich wär in eme anständige Hotel,
ich hab nit gewußt, daß ich in eme Absteigequartier bin.

EISMAYER Werde Se auch noch frech? Ich verklag Sie wege öffentliche Unzucht.

HAHNESAND Das könne Sie gar nit! Ich hab ehrliche Absichte!
Fräulein Stenz is e anständig Mädche!

KURRLE Desto verurteilenswerter Ihr Fehltritt. Seien Se froh,
wenn wir den Vater nicht benachrichtigen!

EISMAYER *zu den Mägden* Los! Glotzt nit! Habt ihr noch nie en
blamierte Judd gesehe? An die Arbeit!

DIE MÄGDE *lachend ab, gleich darauf hört man aus der Scheuer
singen*

»Ich hab noch nie en Judd geküßt,
Aber du, aber du, aber du!
Ich hab noch nie ins Gras gep . . .
Aber du, aber du, aber du!

        Ju Ja Judd geküßt un Gras gep . . .
        Un Doktor gemüßt,
        Ju Ja Judd geküßt un hinne fertig,
        Vorne fertig, fort!«

HAHNESAND   Wir wolle über de Vorgang schweige, ich zeig mich erkenntlich.

EISMAYER   Da werde ma auch kei reiche Leut davon werde. *Ab in die Scheuer.*

KURRLE *sachlich*   Hier die Liste der Beamtennothilfe.

HAHNESAND   Gebe Se her. *Er zeichnet was ein. Mit saurem Gesicht* Das Doppelte extra für Sie.

KURRLE   Rechnen Sie auf meine Diskretion, Herr Direktor.

HAHNESAND   Das kann eim doch emal passiere! Da geht ma doch stillschweigend drüwwer weg! Die Leut hierzuland hawwe gar kei Schamhaftigkeit!

KURRLE   Wie man sich bettet, so liegt man.
   Sie gehen ins Wirtshaus.
   Der Hahn kräht näher, es ist recht hell geworden, man sieht Knuzius in unruhigem Schlaf auf dem Misthaufen liegen, um ihn her summen schon die Fliegen, jetzt kommen die ersten Sonnenstrahlen übers Dach, treffen die Wipfel der Obstbäume, die Lauben und die Weinberge, die in leichtem rötlichem Dampf stehn. Aus der Ligusterlaube kommen Jochen und Klärchen, aus den Buchsbaumhecken kommen Gunderloch und Annemarie. Beide Paare bemerken einander zunächst nicht.

GUNDERLOCH   Wie die Weinberg dampfe! Die Sonn holt nochemal was heraus!

ANNEMARIE   Gesegnet Jahr! Da fliege noch Biene, un die Obstbäum hänge so voll, als ob's gar kei End nehme wollt.

JOCHEN   Heut steigt's aus der Erd wie Knospedunst. Der reine Frühlingsherbst!

KLÄRCHEN   Ma könnt glaube, der Liguster blüht nochemal, so strotze die Spätknospe!

GUNDERLOCH   Gesegnet Jahr! Was da wächst, hat Bestand!

JOCHEN   Die Heck schwarz von Brombeern! Das Jahr hat's in sich!

ANNEMARIE   Jetzt wächst uns alles zum Glück!

KLÄRCHEN   Jetzt kann uns nix mehr trenne!
   Sie bemerken sich gegenseitig, kurze Pause, dann ruft . . .

GUNDERLOCH   Recht gute Morge wünsch ich!

JOCHEN   Besser könnt er nit sein!

KLÄRCHEN   Ich hab mir gedacht, daß ihr noch in der Näh steckt!

ANNEMARIE   Un hast gar kei Angst gehabt!

KLÄRCHEN   Angst? Vor euch? *Sie lacht.*

GUNDERLOCH   Du übermütig Wiesewachtel! Geb nur acht, gleich komm ich dir!

KLÄRCHEN   Da komm ich ehnder zu dir!! *Sie läuft zu ihm* Vater!
ANNEMARIE   Jochen!!! *Sie läuft zu ihm.*
KLÄRCHEN *bei Gunderloch, ihn küssend*   Jetzt heißt's: Respekt vor
    mir, denn wenn du die Annemarie heiraten darfst un ich de
    Jochen, da bin ich nit mehr dei Tochter, sondern dei Schwä-
    gerin!
ANNEMARIE *bei Jochen, ihn umarmend*   Du Rheinbandit! Du
    warst immer e halb Kind von mir! Aber wenn du jetzt das
    Klärche heiratst, da wirst du mein leibhaftige Schwiegersohn!
GUNDERLOCH   Da wird ja mei eige Enkelkind de Neffe von meiner
    Frau!
KLÄRCHEN   Un wenn du noch e Kind kriegst, das wird de Neffe
    von seiner Schwester!
JOCHEN   Un mein Sohn wird emal de Enkel von seiner Tante un
    sein eigener Cousin.
GUNDERLOCH   Mir tun ja grad, als ob die Familie schon perfekt
    wär!
KLÄRCHEN   Annemarie komm her! Sin mir perfekt oder nit?
ANNEMARIE   Mir war'ns schon immer!
    Sie umarmen sich.
GUNDERLOCH *zu Jochen*   Na, da bleibt uns auch nix mehr anders
    übrig . . .
JOCHEN   Ich werd's Ihne danke, solang ich leb!
GUNDERLOCH   Als du zu enanner zu sage.
JOCHEN   Hand aufs Herz.
GUNDERLOCH   Du hast mir gleich gefalle!
JOCHEN   Du mir auch!
GUNDERLOCH   So soll's bleibe!
JOCHEN   Das is e Männerwort.
    Sie schütteln sich die Hände.
GUNDERLOCH   Un was wird jetzt aus meiner Versteigerung? Un
    was wird aus der Mitgift, wo ich da bleib!?
KLÄRCHEN   Ach Vater, mach was de willst! Was dir un der Anne-
    marie gehört, das brauch ich nit zu versorge.
JOCHEN   Ich hab mei Schiff, da bin ich selbstständig, da hab ich
    mei Häusje druff, da kann ich e Frau drin unterhalte!
GUNDERLOCH   Bist du's zufriede, Klärche?
KLÄRCHEN   In eme Schlepphäusje aufm Rhein fahre, das hab ich
    mir immer gewünscht!
GUNDERLOCH   Das muß im Blut liege, mich hat's auch immer zum
    Rhein un zu de Schiffer hingezoge.
ANNEMARIE   Ja, zu de Schiffermädcher!
GUNDERLOCH   Das macht kein Unterschied.
JOCHEN   Mitgift, Erbschaft und Familiengut, das hat sich über-
    lebt, das brauche wir heut nit mehr! Mir komme von unne
    ruff un schaffe's uns selber!

GUNDERLOCH   Aber was en Weinberg is, das kann ma sich nit
schaffe, das is viele hundert Jahr alt, das muß einer mitkriege
wie sei Lung — und sei Leber!

JOCHEN   Vielleicht kriegst du noch en männliche Erbe, der hat's
dann!

GUNDERLOCH   So Gott will, wird's.
Die Sonne ist jetzt voll aufgegangen.

KLÄRCHEN   Un wenn wir auf Durchfahrt sin mit unserm Schiff,
da besuche ma euch und gucke, wie die Traube stehn.

ANNEMARIE   Dann nehmt ihr de Bottich auf de Buckel un helft
e bißje.

JOCHEN   Wie gestern abend!

KLÄRCHEN   Wie gestern abend! Ja! ! ! Wolle Sie mal versuche,
Herr Most?

JOCHEN   E süß Träubche! Gleich ins Maul! !
Sie umarmen sich lachend.

GUNDERLOCH   Un in der Ligusterlaub, da setze mir dann e Böwl-
che an, un dann feiern wir alle vier Jubiläum!

KLÄRCHEN   Wenn wir wiederkomme! Im Frühjahr!

ANNEMARIE   Wenn die Obstblüt aufbricht!

GUNDERLOCH   Un wenn ma die Rebstöck spritze.

JOCHEN   Un wenn mirs erste Tanneholz nach Holland schwem-
me!

KLÄRCHEN   Un wenn die Erd so dampft wie heut!

ANNEMARIE   Un die Spatze so kreische!

GUNDERLOCH   Herrgott, die gehn mir in mei Traube!

ANNEMARIE   Laß se heut! Die solle auch was Süßes hawwe!

GUNDERLOCH   Meintwege! Heut soll auch der Spatz fröhlich
sein! Heut soll jeder sei Fest hawwe!

KLÄRCHEN   Der auch?!
*Sie deutet über den Zaun auf Knuzius, der auf dem Misthaufen
gerade wach wird und verständnislos in die Sonne glotzt.*

ALLE VIER *sehen Knuzius an und beginnen ungeheuer zu lachen.*

KNUZIUS *erhebt sich langsam. Er ist voll Mist und Stroh und
schrecklich deformiert*   Was denn . . . Was ist denn los . . .

ALLE VIER *lachen noch lauter.*

KNUZIUS *völlig verwirrt, versucht mitzulachen, dann verliert er
die Contenance, kann sich kaum auf den Beinen halten,
schnappt nach Luft, starrt hilflos vor sich hin.*

GUNDERLOCH   Gute Morge, Herr Knuzius. Hawwe Se gut geschlafe?

KNUZIUS   Geschlafe? Ich schlaf doch nie! Ich wollt nur grad
emal . . .

KLÄRCHEN *mit ausdrücklicher Grausamkeit*   Sie wollte sich gewiß
emal nach Ihrer neu Braut umgucke, Herr Knuzius!

KNUZIUS *grübelnd* Das kann alles nicht stimmen. Das ist alles ganz falsch. Entschuldigen Se mich bitte einen Moment... *Er will sich dünnmachen.*

ANNEMARIE Ihr Braut is beim Säusteche. Die dürfe Sie jetzt nit störe!

KNUZIUS, *dem langsam ein Licht aufgeht* Was sind das alles für Redensarten! *Plötzlich schreiend* Ich verlange, daß man mich ernst nimmt!!

Erneutes Gelächter

GUNDERLOCH Beruhigen Sie sich. Sie werde ernstgenomme! Ernster als Ihne lieb sei wird! Jed Wort, das Sie heut nacht gesagt hawwe, nehm ich ernst!

KNUZIUS Nacht? Pardon, was für Nacht? Ach so, gestern, gestern war eine Nacht... aber ich weiß gar nicht, ich red doch kaum, was soll ich denn gesagt haben, im großen ganzen bin ich eine recht verschlossene Natur.

GUNDERLOCH Wie Sie das letztemal offe ware, is erauskomme, da ich en verfaulte, verlauste Rebstock wär, un daß mei Tochter Ihne die Ehe abliste wollt!

KNUZIUS Das soll ich gesagt haben? Aber das war doch alles nur Scherz! Ich meine, wenn ich das gesagt haben sollte!! Ich gebe zu, ein gewagter Scherz, ein allzufreier Scherz! Aber bedenken Sie doch: Weinlaune! Übersprudelndes Temperament! Ich nehme alles zurück! Ich habe es ja gar nicht gesagt! Alles, was ich gestern gesagt habe, nehme ich zurück!

KLÄRCHEN Gut, ich nehme auch alles zurück! Was ich Ihne gestern gesagt hab, war auch nur Scherz! Da sin mir quitt un fertig un hawwe uns nix mehr vorzuwerfe!

KNUZIUS *setzt sich auf den Misthaufen* Meine Nerven! Meine armen zerrütteten Nerven! Wissen Sie denn nicht, was ein geistiger Arbeiter ist? Nehmen Sie doch Rücksicht! Das sind doch alles nur Witze! *Er glotzt mit offenem Mund die vier im Garten an, die ihn schonungslos auslachen und auch noch mit Fallobst bewerfen.*

In diesem Augenblick kommt...

STUDIENASSESSOR BRUCHMÜLLER *mit einem riesigen Photographenapparat gerannt, will zur Scheuer.*

GUNDERLOCH Heda! Halt! Herr Assessor! Wohin mit Ihrm Sparregugges?

BRUCHMÜLLER *heftig zungenstoßend* Zum Säustechen! Ich hab dem Eismayer versprochen, daß ich seine Sau vorm Sterbe für die landwirtschaftliche Kreiszeitung knipsen würde!

GUNDERLOCH Die Sau wird noch en Augeblick Zeit hawwe! Hier könne Se was Besseres knipse!

BRUCHMÜLLER *richtet seinen Apparat auf Knuzius* Gewiß den neugebackenen Herrn Schwiegersohn?

KNUZIUS *hält sich die Hände vors Gesicht* Weg!! Ich bin nicht rasiert!

GUNDERLOCH Nein, den stecke mir uns lebendig ins Medaillon oder übers Bett! Hier, wo wir stehn, da richte Se emal die Lins hin, da könne Sie fürs landwirtschaftliche Kreisblatt e sensationelle Doppelhochzeit verewige!

BRUCHMÜLLER Guter Witz! Famoser Witz!!

GUNDERLOCH Witz oder Ernst, das is unser Sach! Jetzt knipse Sie!

BRUCHMÜLLER Wollen Sie nicht vor den Zaun treten?

GUNDERLOCH Das könne wir nicht! Der is zugesperrt, damit uns die Hinkel nit wegscharre! Knipse Sie uns ruhig hinterm Zaun und denke Se, Sie wärn im Zoologische Garte. E Stückelche Vieh stickt doch in jedem von uns drei!

BRUCHMÜLLER Aber bitte die Köpfe recht hoch, daß die besseren Gesichtspartien nicht hinter den Stacheldraht kommen! Bitte Herr Most, das rechte Ohr etwas tiefer! Die Hand aus der Tasche! Die Knie durchdrücken. Fräulein Gunderloch, bitte den kleinen Finger spreizen. So. Herr Gunderloch, vielleicht den Adamsapfel ein bißchen zurück.

GUNDERLOCH Zum Donnerwetter, knipse Sie, sonst hüpp ich über de Zaun un geb Ihne Adamsapfel!

BRUCHMÜLLER Gewiß doch, gewiß doch!
Er knipst. Im selben Moment ein furchtbarer quietschender Schrei, der allen in die Knochen fährt.

GUNDERLOCH Das war die Sau.

BRUCHMÜLLER Zu spät! Da komm ich ja zu spät!

KLÄRCHEN E herrlich Andenke, das wir da hawwe!

ANNEMARIE Wenn's nur nit verwackelt is!

GUNDERLOCH Die Sau is unverewigt in de Himmel der Säue gefahre.

JOCHEN Daß uns de Eismayer auch grad in die Photographie steche muß! *Fast gleichzeitig geht die Wirtshaustür auf, herauskommen: Rindsfuß, Vogelsberger, Stenz, Frau Rindsfuß, Fräulein Stenz, Hahnesand, Löbche Bär, Kurrle, der alte Raunz.*

GUNDERLOCH All herbei, meine Herrschaften! Trete Sie näher, gucke Se sich die wilde Tiere an hinter ihrm Gitter! Necken und füttern is verbote, aber beiße tun ma nit!

KURRLE Soll die Versteigerung denn in Garte stattfinden?

FRAU RINDSFUSS Originell! Hochoriginell!

VOGELSBERGER Da zieht's ja, was ihr für Ideen habt!

STENZ Da kriege wa kalte Füß un heiße Köpp!

RINDSFUSS Meintwege im Garte, da sin mir gleich im Freie, wenn's uns wege de Preis schlecht wird.

LÖBCHE BÄR *mißtrauisch musternd* Das sieht mir hier gar nit nach Versteigerung aus.

GUNDERLOCH Herr Bär, Sie hawwe's erfaßt! Sie hawwe de richtige Menscheblick!

VOGELSBERGER Was wolle Sie denn damit sage?

GUNDERLOCH Das solle Sie höre: Nix wird versteigert, nix wird verkauft, behalte wird alles, un wenn mir noch lang lebe, wird's verdoppelt!

VOGELSBERGER Da hört doch alles auf! Un dafür hawwe Sie uns extra herfahre lasse?

RINDSFUSS Halte Sie uns für Lumpensammler? Glaube Sie, mir hätte unser Zeit gestohle! Hawwe Sie uns einfach geuzt?

GUNDERLOCH Geuzt hatt ich mich selber! Aber es is noch emal gut abgange! Beinah hätt ich mir en böse Streich gespielt un meiner Tochter dazu! Merkt's euch, ihr Leut, da habt ihr was fürs Lebe! Bild sich keiner ein, er könnt die herrgottsgeschaffe Natur kommandiere! Bedingunge läßt sich die nit stelle, un ausrechne kann ma's auch nit, aber eins muß ma könne: Das Gras wachse höre, un wär's in der Weinherbstnacht! Das hab ich auf mei alte Tag noch gelernt un bin jung drüber worde.

STENZ Ne jute Spruch, verstande han ich nix!

GUNDERLOCH Un damit ihr nit das Gefühl habt, ihr wärt umsonst herkomme, so denkt euch, ihr wärt als meine liebe Gäste auf meine Hochzeit komme, zu der ich mich heut noch aufbiete laß, un auf die Hochzeit von meim Klärche mit dem Schiffer Most, das alles wolle wir heut noch gründlich feiern, dazu lad ich euch hiermit ein!

LÖBCHE BÄR Bravo! Ich hätt doch nix kaufe könne!

FRAU RINDSFUSS Wir gratuliere! Wir bringen Glück und Segen!

RINDSFUSS Aber kei Hochzeitsgeschenke.

HAHNESAND Es geht doch in eim hin. *Er stürzt sich auf Stenz* Herr Stenz, ich krieg im nächste Jahr Prokura! Ich hab ehrliche Absichte!

KURRLE Wacker, wacker!

STENZ Ich hab mei Töchterche nach den Prinzipien der Humanität erzoge. Wenn Sie Prokura kriege, hat sie freie Wahl. Die Konfession brauche Se nich zu wechsele.

HAHNESAND Abgemacht!

FRAU RINDSFUSS Julia!

FRÄULEIN STENZ *sinkt ihr in die Arme.*

VOGELSBERGER Der Stenz hat wenigstens was gesteigert!

GUNDERLOCH So is recht! All müsse sie sich kriege am Schluß, sonst is das Stück nit gut!
Die Scheuertür geht auf, Eismayer, Babettchen, Knechte und Mägde kommen heraus.

EISMAYER Die Sau hat e ganz Tonn Blut gewwe! Mir kriege e prima Metzelsupp!

GUNDERLOCH Sperr die Gartepfort auf, Eismayer, ich kauf dei Sau komplett un stift se zur Hochzeit!

EISMAYER Zu was für e Hochzeit denn?

GUNDERLOCH Unter anderem zu der von deiner Tochter mit meim verflossene Schwiegersohn. Da hinne steht er un kann's gar nit abwarte!

KNUZIUS *hat sich erholt und in Positur gesetzt* Ich bin hier das Opfer einer Camorra geworden. Aber der Finger Gottes hat es mir zum Besten gelenkt. Von Ihne, Herr Gunderloch, hab ich nie viel Gutes gehalten. Sie, Fräulein Gunderloch, sollten sich an der Charakterstärke des Fräulein Eismayer ein Beispiel nehmen, die sie mir im Gegensatz zur leichtfertigen Moral gewisser anderer hier anwesender weiblicher Personen aufs kräftigste bewiesen hat! Indem ich ohne Ansicht von Stand, Rang und Name um ihre Hand anhalte, gedenke ich nicht nur die Erfüllung persönlicher Wünsche, sondern auch die Gesundung unseres Volkes im Hinblick auf seine Tugend, Wehrhaftigkeit, Sauberkeit, Pflichttreue und Rassenreinheit zu erstreben!!

GUNDERLOCH Bravo!! *Er kommt klatschend nach vorne.*

ALLE *klatschen und umringen Knuzius lachend.*

EISMAYER Babettche, willsten?

BABETTCHEN Ja, aber saufe darf er mir nit mehr! Im nüchternen Zustand is er ja schön un gescheit!

KNUZIUS So wollen wir denn diese Stätte verlassen, mit dem erhebenden Bewußtsein, daß es noch Ideale in unserm Land gibt, noch innere Schätze, Ehre und Gewissen, Reinheit und edle Sitte!

GUNDERLOCH Un Gottseidank noch Weinberg, Stückfässer und Misthaufe!

RINDSFUSS Das is e Wort! Gunderloch, ich gratuliere Ihne!

ALLE Ich auch! Ich auch!

Allgemeines großes Drängen und Händeschütteln.

Mitten hinein ertönt der Veteranenmarsch wie im ersten Akt

>>Ach was hätte ma Heidelbeern,

Wenn se nit so teuer wärn

Un so schrecklich klaa, klaa, klaa!<<

GUNDERLOCH Da komme die Rechte! Als wenn se's geroche hätte!

KURRLE Sie waren zum Termin vorgeladen wegen der Schlägerei.

DIE VETERANEN *ziehen auf.*

CHINAJOCKEL Es hat sich heimlich herumgesproche, daß in der Familie Gunderloch ein freudiges Ereignis diskreter Art eingetrete sei, un da wolle wir nit verfehle, öffentlich unser Glückwünsch dazu auszuspreche.

GUNDERLOCH Ich danke euch! Es is zwar nit das, was ihr meint, un diskret is es auch nit, aber e freudig Ereignis is es auf alle Fäll!

CHINAJOCKEL   In diesem Sinn gedenke wir auch unser Klag wege
   der uns angetane körperliche un gemütliche Unbilde zurückzu-
   ziehe, wärn aber nit abgeneigt, uns zu einem allgemeine Ver-
   söhnungstrunk bereit finde zu lasse.
GUNDERLOCH   Den sollt ihr hawwe! Ich laß das große Jubi-
   läumsfaß öffne, un dann wolle ma sehe, wer am beste
   schwimme gelernt hat! Hier im Garte, am Fuße von meine
   Weinberg, wolle wir trinke un esse, soviel wie jeder kann!
LÖBCHE BÄR *ist ganz vorne an die Rampe gekommen und beginnt*
   halblaut zu singen
              »Heut gehn ma aber garnitmehr, garnitmehr,
              Garnitmehr,
              Heut gehn ma aber garnitmehr, garnitmehr
              Haam.«
Einer nach dem anderen fällt ein.
              »Bis de Vater falsche Backezähn schluckt,
              Un de Mutter in de Kochtopf spuckt,
              Heut gehn ma aber garnitmehr, garnitmehr
              Haam.«
Manche beginnen zu tanzen, dann alle, immer lauter wird der
Gesang teils ins Publikum, teils zueinander gewandt.
              »Heut gehn ma aber garnitmehr,
              Heut gehn ma aber garnitmehr,
              Heut gehn ma aber garnitmehr, garnitmehr,
              Garnitmehr,
              Heut gehn ma aber garnitmehr, garnitmehr
              Haam!«

Schinderhannes

SCHAUSPIEL IN VIER AKTEN

Dem Gedenken an Julius Elias

Das war ein wunderlich Krieg,
da Tod und Leben rungen,
das Leben behielt den Sieg,
es hat den Tod verschlungen.
Die Schrift hat verkundet das,
wie ein Tod den andren fraß:
ein Spott aus dem Tod ist worden!

AUS LUTHERS OSTERLIED

Personen

IHRE ZEITGENOSSEN

> JOHANN BÜCKLER, genannt Schinderhannes
> JULCHEN BLASIUS, Tochter eines Bänkelsängers
> IHRE KAMERADEN
> IHRE ZEITGENOSSEN

Das Stück spielt am Mittelrhein, im Hunsrück und in der Festung Mainz, zur Zeit Napoleons. Das linke Rheinufer steht unter französischer Herrschaft, auf dem rechten Rheinufer wird eine deutsche Gegenarmee gesammelt. Das Historische soll in Kostüm und Masken ebensowenig betont werden, wie es in der Sprache des Stückes und seiner Gestalten der Fall ist. Die meisten kleineren Rollen können wechselnd mit den gleichen Schauspielern besetzt werden.

Erster Akt

Wirtschaft ›Grüner Baum‹ an der Nahe. Frühlingsabend. Gäste hocken da und dort an den Holztischen herum, ein paar Fremde, ein paar Fuhrleute in Mantel und Hut, sonst Einheimische beim Schoppenwein, Gutspächter, Kaufleute, Handwerksmeister, Bauern, Achatschleifer, Metallarbeiter, scharf getrennt in ›bessere Leute‹ und ›Gewöhnliche‹. In der Ecke Johann Bückler und Hans Bast Benedum, in einfacher Kleidung wie reisende Warenkrämer. Sie trinken aus großen Gläsern und essen kräftig zu Abend: Schweinerippchen mit Kraut und braungebackenen Paarwecken. — Auf dem erhöhten Schänkboden steht Blasius Trommelvater, ein fahrender Bänkelsänger und Kirmesmusikant, er macht auf mehreren Instrumenten gleichzeitig eine rasselnde Musik. Handharmonika, Fußpauke, Dudelsack, Schellenspiel auf dem Rücken setzt er zur Einleitung und zum Nachspiel des Schauerliedes in Bewegung. Rechts und links von ihm stehen seine beiden Töchter, Julchen und Margaret Blasius. Margaret spielt die Melodie auf einer dünn wimmernden Geige, Julchen singt das

LIED VOM SCHINDERHANNES

JULCHEN   »Im Schneppenbacher Forste,
Da geht der Teufel rumdibum,
De Hals voll schwarzer Borste,
Und bringt die arme Kaufleut um!
Das ist der Schinderhannes,
Der Lumpenhund, der Galgenstrick,
Der Schrecken jedes Mannes,
Und auch der Weiberstück!
Im Soonewald, im Soonewald
Steht manche dunkle Tann,
Darunter liegt begraben bald
Ein braver Wandersmann.
Im Schneppenbacher Forste,
Da geht der Teufel rumdibum,
Die Ank voll schwarzer Borste,
Und legt die junge Weibsleut um!«

Die Musik wird still.

BÜCKLER   Bravo! Herr Wirt, en Schoppe für die Musik. So e Lied hört ma nit alle Tag. Da läuft's eim ja kalt über de Buckel!

WIRT   Du bist auch lang nit mehr hier gewese, daß du das Lied nit kennst.

BÜCKLER   Christi Himmelfahrt werde's drei Jahr. Ich hab alleweil rechtsrheinisch gehandelt und drunte, im Blaue Ländche.

EIN KAUFMANN   Wer ist der Mann?

WIRTIN   Jakob Ofenloch schreibt er sich, ein Krämer. Mit was er handelt, mußt du'n selbst frage.

BÜCKLER   Mit allem, was rar und teuer is — Zunder, Schwamm, Feuerstein, Gäul, Sättel, Stiefelwichs un gute Sprüch! Brauche Sie was?

KAUFMANN   E paar gute Sprüch, wenn se nix koste. Die kann eim doch der Schinderhannes nit gleich am nächste Straßekreuz wieder abnehme!

BÜCKLER   Ihr mit euerm Schinderhannes! Man hört euch ja von nix mehr anders redde! *Er lacht.*

GUTSPÄCHTER   Lach nit, Krämer, wenn du's nit verstehst. Mir wisse Bescheid, un bis du im nächste Flecke bist, weißt du's vielleicht noch besser!

BÜCKLER   Da bin ich emal gespannt!

KAUFMANN   Pack lieber dei Sach samme un mach wieder ins Rechtsrheinische nüwwer!

BÜCKLER   Das könnt dir so passe, daß du die Konkurrenz los wärst!

EIN REISENDER   Ei, lese Sie denn kei Zeitung? Wisse Sie nit, daß hierzuland kein Bettler unbeschädigt über die Landstraß kommt, wenn er sich nit mit dene Hundsbandite abgabemäßig konvetteriert?

EIN FUHRMANN   Hört emal dem sei Nassauer Gosch! Von unsere einheimische Bandite hat noch keiner einer nie nit en Bettler oder arme Mann belästigt — nur Kaufleut, Offiziersbagage un reiche Judde.

GUTSPÄCHTER   Freilich! Wo nix is, kann der Dieb nix stehle!

REISENDER   Wenn ma gleich hinterrücks dementiert wird, is kei Wunder, daß die fremde Leut nix glaube.

BÜCKLER   Ich glaub überhaupt nix, was ich nit seh!

GUTSPÄCHTER   So? Da gucke Sie sich emal unsern hiesige Gerbermeister an! Da hinne sitzt er un hat angelaufene Brillegläser vor Gall!

GERBERMEISTER, *ein alter, kurzsichtiger Dürrhals mit weinerlicher Stimme*   Spott und böse Mäuler noch owwedrei! Ihr schadefroh Gesindel, ihr dreckiges!

GUTSPÄCHTER   Die letzt Nacht hat er hohe Besuch gehabt. Ausm Hauptlager, unter seiner Schlafstub eweg, hawwe se sei ganze frische Ledervorrät getrage!

BÜCKLER   Un woher wißt ihr, daß es der Schinderhannes war? Gibt's nit überall Lederdieb?

GERBERMEISTER   Drei schwarze Kreuz hat er mir auf die Wand gemalt! Sei Satanszeiche! Mei Frau is in Krämpf gefalle, wie sie's gesehe hat, un liegt alleweil noch drin!

BÜCKLER   Herrgottstrambach nochemal!

GERBERMEISTER Mei best Rindleder war's! Tadellose Häut! Kei einzig Löchelche drin! Grad gestern hat se die französisch Monturkolonn bei mir bestellt! Als ob er's gewüßt hätt, der Säuteufel, der hundswütige, der Halsabschneider, der die arme ehrliche Handwerksleut nit lebe lasse kann von ihrm sauere Arbeitsschweiß, ihrm schwerverdiente, armselige —

BAUER RAAB Hö, hö, hö, Gerberphilipp, nehms Maul noch e bißje voller! Vier von dene Häut haste meim Nachbar als Schuldzins ausm Stall getriebe, du scheeläugiger Brillekiebitz, du geizknochiger!

EIN ACHATSCHLEIFER Für e Schnippelche Daumeleder hat mir der Schweinsmage drei geschliffene Stein abgenomme, un jetzt greint er hinner seine grindige Bockshäut her, als wär's em Bischof sein Ring!

METALLARBEITER Die Kränk soll er kriege!

GERBERMEISTER Das sind die Aufwiegler, die wo's mit dem Schinderhannes halte! Das unehrlich Volk, wo kei Geld hat un kei Sittemoral!

BAUER RAAB Was haste gesagt? Sag's noch emal!

GERBERMEISTER Ich hab ja niemand angesehe dabei!

BAUER RAAB Ob du's noch emal sagst?!

GERBERMEISTER Jetzt grad nit!

BAUER RAAB Da läßt du's bleibe. *Gelächter*

BÜCKLER *zu Benedum* Da haste's! Wo vom Schinderhannes die Red is, lernt ma die Leut kenne!

BAUER ROTKOPP Uns kleine Bauern nehme die Räuber nix ab. Das besorgt der Staat un die Kirch und die Steuer un der Fürst un der Pächter un de Kaufmann un de Zinsjudd ganz allein!

GUTSPÄCHTER Weil ihr nix druff habt, ihr Faulenzer.

ACHATSCHLEIFER Ich sag, wenn's de Schinderhannes nit gäb, da müßt er erfunde werde, damit die reiche Leut auch emal merke, wo Gott wohnt!

REISENDER Hawwe Sie denn gar kein Rechtsgefühl?

STEINBRECHER Vielleicht mehr wie Sie! Mir sin Arbeiter un lasse uns nit übers Maul fahre.

FUHRMANN Mir hawwe nix un werde nix hawwe, ob mit oder ohne Schinderhannes. Herr Wirt, noch e Kirschwasser.

KAUFMANN Weil ihr nix arbeite wollt, deshalb kommt ihr auch zu nix.

BÜCKLER Das wär mir neu, Herr Nachbar.

KAUFMANN Was denn?

BÜCKLER Das wär mir neu, daß ma durch die Arbeit zu was kommt!

GUTSPÄCHTER So? Sie sehe mir aber ganz wohlgenährt aus — sin Sie durch de Heilig Geist dazu gekomme oder hawwe Sie gestohle?

BÜCKLER   Mein Vater — der hat geschafft, bis ihm die Nägel blau
worde sin. Heut könnt er verrecke, wenn er kein Sohn hätt!

KAUFMANN   Un de Sohn? Da sitzt er un ißt Schweinerippcher für
en halbe Taler! Ei, woher könne Sie sich denn das leiste?

BÜCKLER   Das will ich Ihne sage: weil ich's nehm, wo ich's find!
Und weil ich mir eher en Finger abbeiße deet, als für fremde
Leut mei Knöchel krumm mache! Und weil ich drauf pfeif, versteht ihr, wie der Spatz auf die Kirschkern, wenn die Traube
reif sin! *Er geht zum Gerbermeister* Wieviel Häut sin Ihne
gestohle worde?

GERBERMEISTER   Sechs große, un e zugeschnitte Sattelstück.

BÜCKLER   Ich glaub, so viel hawwe mir noch in unsere Vorrät.
Die könne Se billig kriege. Hans Bast, guck emal nach.

BENEDUM *geht hinaus.*

GERBERMEISTER   Was nehme Sie pro Haut?

BÜCKLER   Zwei Gulde, weil Sie's sin.

GERBERMEISTER   Wenn se kein Fehler hawwe —

BÜCKLER   Gucke Se selbst!

BENEDUM *kommt wieder, schleppt einen Sack herein.*

GERBERMEISTER *tastet die Häute ab*   Zwei Gulde? Mach ich, mach
ich!! Wolle Sie's gleich in bar?

BÜCKLER   Her damit, sonst könnt mich der Preis reue!!

GERBERMEISTER *zahlt ihn aus.*

KAUFMANN *verärgert*   Gehe Sie immer zwei Drittel unter de
Wert?

BÜCKLER   Der Mann ist bestohle worde, dafür hab ich e Herz!

KAUFMANN   Dann möcht ich wirklich wisse, woher Sie Ihr Fett
hawwe!

BÜCKLER   Das solle Sie gleich sehe! Gebe Sie obacht! *Er wirft das
eben erhaltene Geld auf den Schanktisch*   Wirt! Wisch emal
dene Leut ihr Schuldstrich von der Tafel, samt un sonders, un
mach dich bezahlt! Allez vite! Un dann e doppelt Lag für jeden
in der Stub, der kei Geld im Sack hat, un für jedweden e Viertel
Wurscht! Die solle auch emal was anders fresse wie alleweil
Hundsfleisch un Kartoffelschale! Laßt's euch schmecke, ihr
Leut!

ACHATSCHLEIFER   Der Mann is richtig.

BAUER RAAB   So laß ich mir en Lumpekrämer gefalle.

METALLARBEITER   Er is en Protz, aber er läßt sich's was koste.

BÜCKLER   Ich bin als Protz gebore! Ich hab schon als Bub
die Schulkreide für Butter aufs Brot gestriche. Aber es is
mir gut angeschlage, Großtun macht dick, wenn ma's richtig
versteht!

WIRT   Da, sauft, es kost nix, un euer Schulde sin quitt.

BÜCKLER   Prost, ihr Leut!

ACHATSCHLEIFER   Der Krämer Jakob Ofenloch soll lebe!

BÜCKLER   Sagt lieber: Der Schinderhannes soll lebe! Dem habt ihr's heut zu verdanke!

STEINBRECHER   Meinetwege de Schinderhannes! Hipp, hipp, hurra!

BAUER RAAB   Prost uff de Schinderhannes! Wenn mir alleweil seintwege unsre Schulde bezahlt kriege, soll er hundert Jahr werde!

BÜCKLER   Der wird mehr wie hundert! *Er trinkt.*

KAUFMANN   Das is doch wirklich e Schand. Da kann ma sich ja die Gaasegicht an de Hals ärgern.

GUTSPÄCHTER   So en hergelaufene Strunskopp verschandelt uns die Leut!

REISENDER   Un das sehe Sie ruhig mit an?

KAUFMANN   Was will ma denn mache?

GERBERMEISTER   Die Häut sin gut, da läßt sich nix sage.

REISENDER   Im Nassauische könnt so was überhaupt gar nit passiere. Die trinke ja auf das Wohl eines Staatsfeindes und öffentliche Straßeräubers! Das nenne ich Öl ins Feuer der Rebellion schütte! Jawohl, so nenn ich das.

KAUFMANN   *zu den Arbeitern und Bauern, die mit Bückler trinken und lachen*   Schämt ihr euch denn gar nit? Der Mann ist nicht von hier!

BAUER RAAB   Redde Sie jemand an?

GUTSPÄCHTER   Ich werd's euch eintränke! Wart nur ab, bei der nächste Weizeernt! Kei Hälmche laß ich euch durch die Finger!

BAUER ROTKOPP   Das haste früher auch nit getan.

ACHATSCHLEIFER   Geh, redd nit mit dene Speckhäls! Mir sin unter uns!

BÜCKLER   Ich glaub, die Herrn hawwe Durscht, deshalb sin se so brummig! Die wolle auch e Lag!

GUTSPÄCHTER   Mir könnte unsern Schoppe immer noch selbst bezahle, wenn mir auch kein Geldscheißer hätte, wie gewisse andere Leut!

KAUFMANN   Mir deete überhaupt nit trinke mit eme hergelaufene Hund!

BENEDUM *springt auf.*

BÜCKLER *winkt ihm ab, geht langsam auf den Tisch der ›bessere Leut‹ zu*   Meine Herrn, ich hab Sie genau verstande! Sie möchte sich gern die Ehr un das Vergnüge mache, auch emal mit dem Krämer Jakob Ofenloch anzustoße! Soll geschehe, freut mich ganz besonders! Hans Bast! Bring emal die Flasch!

BENEDUM *kommt mit der Flasche.*

BÜCKLER   Da! Guckt euch den an! *Er streift Benedums Rock auf, daß man die nackten Arme und Schultern sieht, die von Muskeln quellen*   Glaubt ihr, so was kommt vom Mückefange?! Ihr, mit eurer ehrlich Arbeit! Ich sag euch: Der Mann hat in seim ganze Lebe noch nix getan, wozu er kei Lust gehabt hat! Versteht ihr?!

BENEDUM *grinst.*

BÜCKLER *nimmt die Flasche, gießt jedem sein Glas ein* Also Prost! Wer Lust hat, soll lebe! Ihr habt doch alle Lust?! He?! *Er sieht sie herausfordernd an.*

BENEDUM *läßt seine Muskeln spielen.*

DIE BESSERE LEUT *trinken verlegen und ängstlich, zur großen Belustigung des anderen Tisches.*

BÜCKLER   Das ware mir dene Herrn doch schuldig! Hab die Ehre! *Er verbeugt sich, geht zu seinem Platz.*

BAUER RAAB *zum andern Tisch hinüber*   Hat's geschmeckt?!

DIE GEWÖHNLICHE LEUT *grinsen, stoßen sich an.*

KAUFMANN   Wirt! Ich möchte zahle.

GUTSPÄCHTER   Ich auch.

WIRT   Die Herrn wolle doch nit schon aufbreche! Mir sitze doch so gemütlich beisamme! Es is doch noch nit dunkel drauß!

ARBEITER   Lasse laufe, die hawwe Angst!

REISENDER   Ich bin eigentlich sehr müd.

BAUER RAAB   Der hats Maul zu weit aufgerisse, der muß gähne!

REISENDER   Jetz is zuviel! Ich werde hier belästigt! Gleich hol ich die Polizei!

ACHATSCHLEIFER   Wag dich nur nit auf die Gaß!

KAUFMANN   Ich hab überhaupt nit richtig getrunke, ich hab nur so getan!

GERBERMEISTER   Die Häut sin tadellos, ich verbrenn mir de Schnawwel nit!

METALLARBEITER   Das is auch dei Glück.

GUTSPÄCHTER *plötzlich schreiend*   Mir werde uns doch hier nit vertreibe lasse! Wo ich sitz, sitz ich!!

BAUER RAAB   Bis dir de Arsch knorpelig wird! *Gelächter.*

GUTSPÄCHTER   Das verbitt ich mir!

BAUER RAAB   Ich auch!! *Gelächter.*

GUTSPÄCHTER   Ruhe!!

STEINBRECHER   Gewitterkreuzstoppenochenei! Wer will uns hier's Maul verbiete?!

KAUFMANN   Niemand, du Aff!

REISENDER   Bin ich hier unter bessere Leut oder nit?!

GUTSPÄCHTER   Zweifle Sie dran? C'est du canaille!

ACHATSCHLEIFER   Merde du roi, mir könne all Französisch!

BAUER RAAB   Spucke könne mir auch! *Er tut's, trifft des Gutspächters Hosenbein.*

GUTSPÄCHTER   Säuigel! Wischste's ab!!

BAUER RAAB *in aller Ruhe*   Nächst Neujahr!

ACHATSCHLEIFER   Wenn's Geld en Batze kost!
ALLE *schreien und lachen plötzlich durcheinander.*
BÜCKLER *steht abseits, als ginge ihn all das nichts an, und betrachtet die Musikantenmädchen, die mit ihrem Vater beim Nacht-
mahl sitzen. Jetzt winkt er ihnen lachend, sie stehen rasch auf,
der alte Blasius beginnt, von Bückler angefeuert, in den allge-
meinen Lärm hinein mächtig zu spielen, und Julchen singt, mit
dem Gesicht zu Bückler, leise zuerst, dann immer lauter das . . .*

WIRTSHAUSLIED

JULCHEN   »Ei, wo bleibt mei Joseppche, Jöseppche, Joseppche,
               Ei, wo bleibt mei Joseppche, Jöseppche so lang?
               Sitzt er nit im Schifferstei,
               Trinkt sei Schöppche ganz allei,
               Ei, wo bleibt mei Joseppche, Jöseppche so lang?«
*Unter dem Einfluß der vertrottelten Musik und des Liedes be-
sänftigen sich die erzürnten Gemüter sehr rasch, es wird ebenso plötzlich ruhig, wie es vorher laut wurde, alle hören auf zu
schimpfen, einige summen die Melodie mit, die andern wiegen
die Köpfe im Takt, man setzt sich wieder, ein allgemeines »Nix
für ungut« greift um sich, der Wirt schenkt neu aus. Bückler
setzt sich allein im Vordergrund an einen Tisch.*
JULCHEN *geht nach Schluß des Liedes, während Vater und Schwe-
ster noch weiterspielen, mit einem Teller einsammeln, tritt zu
Bückler an den Tisch.*
BÜCKLER *nimmt ihr den Teller ab, sieht nach, was drauf liegt, dann
wirft er ein großes Geldstück dazu, blickt Julchen an.*
JULCHEN *bleibt stehen.*
BÜCKLER *rückt einen Stuhl her, lädt sie schweigend zum Sitzen.*
JULCHEN *setzt sich nicht, beugt sich über die Lehne*   Du bist auch
kein richtiger Warekrämer.
BÜCKLER   So? Wer sagt denn das?
JULCHEN   Niemand. Du hast nix Händlermäßiges um die Auge.
BÜCKLER   Trink e Glas gute Wein mit mir.
JULCHEN   Der riecht — —
BÜCKLER   Da geht eim 's Herz auf, wenn's nit schon offe is!
JULCHEN *trinkt*   Prost — *Sie setzt sich.*
*An andern Tischen wird leise gepfiffen, getrunken, Karten ge-
mischt.*
BÜCKLER   Ihr habt sie gut sammengespielt. Jetz sin se still wie die
ausgekollerte Truthähn.
JULCHEN   Das sin mir gewöhnt. Wenn's rauh wird, müsse mir
die Leut sanft mache. Dafür hat ma ja die Musik.
BÜCKLER   Un wenn se sanft sin, müßt ihr se wild mache, he?
Er brummt   »Es ist der Schinderhannes, der Lumpenhund, der
Galgenstrick —«

JULCHEN   Gefällt dir das?
BÜCKLER   Was du singst, gefällt mir all.
JULCHEN   Mir gefällt's nit — ich sing überhaupt nit mehr lang.
BÜCKLER   Warum denn?
JULCHEN   Immer für andere Leut de Aff mache, das paßt mir nit.
BÜCKLER   Was möchste denn sonst anfange?
JULCHEN   Ich weiß nit. Vielleicht tu ich heiraten.
BÜCKLER   Geh haam.
JULCHEN   Wieso geh haam?
BÜCKLER   Du hast nix Heiratsmäßiges um die Auge.
JULCHEN   Ich glaub, mir gucke uns zuviel an de Auge ab.
BÜCKLER   Oder zu wenig! Prost!
JULCHEN   Prost!
    Sie lachen und trinken beide.
BLASIUS TROMMELVATER *ruft*   Julche, bring de Teller her, daß ich
    mei Nachtmahl bezahle kann!
JULCHEN   Gleich komm ich! *Sie springt auf.*
BÜCKLER   Aber dann kommste wieder und trinkst dein Wein
    aus.
JULCHEN   Vielleicht —
BÜCKLER   Gewiß!
JULCHEN   Du weißt's ja genau! *Sie läuft weg.*
BÜCKLER *zur Wirtin, die eine neue Flasche bringt*   E schö Mädche.
WIRTIN   Ja, die hat e Hälsje wie süße Rahm.
BÜCKLER   Komme die oft her?
WIRTIN   Jetzt wohne sie ganz hier. *Flüstert ihm zu*   Die geht
    mit dem Gendarm Adam, der will se heirate.
BÜCKLER   Pfui Teufel.
WIRTIN   Was haste gesagt?
BÜCKLER   Nix. Bring mir en Tabak.
WIRTIN *geht grinsend.*
JULCHEN *kommt mit ihrer Schwester Margaret an den Tisch Bück-
    lers zurück*   Das is mei Schwester Gretche.
BÜCKLER   E süß Böppche. Setzt euch her.
MARGARET   Bist du der Krämerjakob, der auf der Lauschieder
    Kerb war?
BÜCKLER   Der bin ich.
MARGARET   Von dir hab ich erzähle höre! Du hättst siwwe Bräut,
    sagt ma!
BÜCKLER   Ja, aber die gefalle mir all nit mehr.
MARGARET   Warum, haste dir die siwwe scheppe Schwestern aus-
    gesucht?
BÜCKLER   Das nit, aber die siwwe dumme!
JULCHEN   Mit dir muß ma sich vorsehe, du hast e bös Maul.
BÜCKLER   Der Gendarm Adam hat e besseres.
JULCHEN   Das hat dir die Wirtin gesteckt, die Babbelewig!

BÜCKLER Nein, das hab ich dir angeroche, daß du e Gendarme-
braut bist.

JULCHEN Er interessiert sich für mich, aber es is noch nit fest!

BÜCKLER Da deet ich's rasch fest mache an deiner Stell, damit nix
dazwische kommt! *Zu Margaret* Aber du hast noch keinen,
he?

MARGARET Ich will auch kein, die sin mir all zu schlecht!

BÜCKLER Da mußt du emal zu mir komme, da bring ich dich in
e Kloster.

MARGARET Das wird e schö Kloster sei, wo der Teufel die Beicht
hört!

BÜCKLER *zu Julchen* Dei Schwester traut mir nix Gutes zu.

JULCHEN Du führst auch schlechte Rede. Vorhin hast du mir besser gefalle.

BÜCKLER Du mir auch.

JULCHEN Mir könne ja wieder gehe. *Sie steht auf.*

BÜCKLER *steht auch auf* Halt emal! Da hör ich was komme!
Draußen Hufgeklapper und laute Stimmen.

MARGARET Das sin die Gendarme! Da is deiner dabei. *Sie läuft
zur Tür.*

BÜCKLER No, da wünsch ich dir viel Vergnüge.

JULCHEN Bleib da!

BÜCKLER Ich möcht nit störe.

JULCHEN Ich hab doch gesagt, daß es noch nit fest wär —

BÜCKLER Un ich hab dir gesagt, du sollst dich eile, daß nix da-
zwischekommt.

JULCHEN Ich freu mich, wenn du bleibst.

BÜCKLER Das tut mir leid —

BENEDUM, *der draußen war, kommt wieder herein* Hannes, treib
die Küh haam, es hängt e Gewitter am Himmel.

JULCHEN Was sagt dein Freund?

BÜCKLER Ich glaub, unser Gaul is scheu, der hat die Kolik! *Er
geht rasch mit Benedum durch die hintere Tür.*
*Fast im selben Augenblick betritt durch den Haupteingang die
Gendarmerie das Wirtshaus, Adam zuvorderst, vom Froschtöter geführt.*

ADAM Hier is er drin, sagste?

FROSCHTÖTER Ich hab ihn selbst gesehe, sein Kumpan hat ebe
noch vor der Tür gestande!

ADAM Stellt emal en Poste hinters Haus, daß er uns nit heim-
tückisch entwische kann! Und nehmt alle Pferd gefange, die
wo ihr findt!

GENDARMEN *hinaus.*

DIE GÄSTE, DER WIRT, DIE WIRTIN *umdrängen Adam* Was is los?
Wen wollt ihr fange?

ADAM Wen? De Schinderhannes, de Bücklerjohann selbst! Ebe

krieg ich die Nachricht, daß er am helle lichte Tag hier eigange
is!

WIRTIN Hier war keiner, den ich nit kenn, außer dem Krämer,
wo dem Gerberphilipp Häut verkauft hat!

ADAM *zum Gerbermeister* Zeig emal die Häut!

GERBERMEISTER Tadellos Leder! Genau wie die, wo mir gestohle
worde sin.

ADAM *dreht die Häute um* Was is denn das für Brandzeiche
hinne druff?

GERBERMEISTER Jessesmariajosepp, das sin ja mei eigne!

ADAM Was? Deine eigne Häut hast du dir wieder anschmiere
lasse?

GERBERMEISTER Mei verdammte korzsichtige Auge, mei gottver-
dippelte!!

ALLE *umdrängen lachend den jammernden Gerbermeister.*

ADAM Von wem haste die bekomme?

GERBERMEISTER Jakob Ofenloch hat er geheiße, der Satan, der
Höllefurz!

ADAM Das is er! Unter dem Name soll er jetz umgehn! Los! Er
kann noch nit weit sein! Alles hinterdrein!

FROSCHTÖTER Mei Geld!!

ADAM Erst wenn mir'n hawwe, vorher gibt's nix!

GENDARMEN *draußen* Druff! Uff die Gäul!

ADAM Vite! Vorwärts! Hundert Gulde, wer ihn faßt!

ALLE *johlend mit ihm hinaus.*
    Julchen und Margaret bleiben.

MARGARET Das war er, du, das war er!

JULCHEN *dreht einen Teller in der Hand, der auf Bücklers Platz
    stand, erschrickt plötzlich* Du — — da steht was!

MARGARET Zeig her! *Liest* »Mitternacht am Dollbach — verrat
nix —«

JULCHEN Soll ich gehe?

MARGARET Du? Das is doch für mich!

JULCHEN Glaubst du?

MARGARET Natürlich! Du hast doch de Adam!

JULCHEN Halt's Maul! *Sie schmeißt den Teller zu Boden, daß er
in tausend Stücke geht, rennt hinaus.*

MARGARET Julche — Julche —! *Läuft hinterher.*

*Dollbachwald. Starkes Mondlicht durch mächtige Baumkronen.
Am Wasser kauern lautlos Bückler und Iltis Jakob.*

BÜCKLER *nach einer Weile* Is schon zwölf —?

ILTIS JAKOB *guckt nach den Sternen* Es fehlt noch e Viertel.

BÜCKLER Mir brenne die Füß vom Laufe — *Er zieht seine Stiefel
aus, hängt die Beine in den Bach.*

ILTIS JÁKOB   Glaubst du, daß sie komme?

BÜCKLER   Wie das Wasser so hell zwische meine Fußzehe durch-
rißelt. Ma könnt meine, der Bach hätt kein Boden.
*Langes Schweigen. Bückler starrt ins Wasser, Iltis Jakob
klemmt einen Grashalm zwischen die Zähne, zirpt leise. Dann
erhebt sich langsam Bückler, zieht seine Schuhe wieder an.*

ILTIS JAKOB *der am Buschrand steht, winkt plötzlich mit der Hand.*

BÜCKLER   He?

ILTIS JAKOB   Sssst —! *Er tritt zu Bückler, beide lauschen gespannt.*

JULCHEN UND MARGARET *kommen aus dem Wald. Stehen wie gebannt im Mondlicht.*

JULCHEN   Da fließt de Dollbach. *Sie geht ans Wasser.*

BÜCKLER *zu Margaret*   Das is der Iltis Jakob —

MARGARET *sieht ihn an, lacht leise.*

ILTIS JAKOB   Kennst mein Name schon?

MAGRARET   Ja. Vom Höresage.

ILTIS JAKOB   Komm, mir gehn bachaufwärts. Ans Forellewehr!

MARGARET *hängt sich bei ihm ein.*
   Sie gehen.

BÜCKLER *tritt hinter Julchen.*

JULCHEN *dreht sich langsam zu ihm um*   Ich hab's gewußt —

BÜCKLER   Was denn?

JULCHEN   — daß du mich gemeint hast.

BÜCKLER   Freilich.

JULCHEN   Da bin ich jetzt.

BÜCKLER *nickt ernsthaft*   Ja —
   *Ganz leise, fast wie Mückensirren, hört man die Melodie eines
   Liedes:*
   »*Was scheint der Mond so hell in dieser Nacht —*«.

JULCHEN *lächelnd*   Das is mei Schwester. Die singt.

BÜCKLER *blickt sie an*   Willst bei mir bleibe?

JULCHEN *ruhig, sicher*   Gern.

BÜCKLER *streckt die Hand aus*   Komm —
   Es wird finster.

*Wiesmühl am oberen Dollbach. Ein großer verwilderter Rasen-
hof, von Ahorn, Tannen, Eichen gesäumt. Im Hintergrund das
alte zerfallene Mühlwerk, daneben ein niedriges Haus mit ver-
rammelten Fensterläden. Frühe Morgendämmerung. Bückler und
Julchen auf der Bank vor dem Haus.*

JULCHEN *dehnt sich im ersten Sonnenschauer, streckt die Hand ins
Licht*   Da sieht ma 's Blut durch die Haut laufe —!

BÜCKLER *streift ihre Hand mit den Fingerspitzen*   Bist müd?

JULCHEN *lacht*   Ich könnt in de blanke Mittag renne! *Sie faßt
seine Hand*   Komm, zeig her.

BÜCKLER   Was denn?

JULCHEN   Ob du lang lebst!

BÜCKLER   Laß.

JULCHEN   Warum? Das is gut, wenn man's weiß! E Zigeu-
nerin hat mir's gezeigt; da steht alles drin, in der Hand
inne!

BÜCKLER *reißt die Hand weg* Das braucht keiner zu wisse — was
da drin steht.

JULCHEN   Du — was is denn —? *Sie streicht leise über seine ge-
ballte Faust.*

BÜCKLER *lacht fast verlegen* Nix is. Die Leut sage, ich müßt aufs
Schafott. Aber ich glaub's nit.

JULCHEN, *ohne ihn anzuschauen* Is denn so schlimm — was du
treibst?

BÜCKLER *lacht frei auf* Davon versteh ich nix! Das wisse die,
wo's Gesetz mache!

JULCHEN   Ich glaub, die irrn sich manchmal —

BÜCKLER   Meinetwege! Ich hab se nie gefragt un werd se nit
frage! Was wachse muß, schlägt aus!

JULCHEN *sieht ihn von der Seite an* Wie ich dich gestern gesehn
hab, unter de Wirtshausgäst — da hab ich gedacht, der hat's
knüppeldick hinter de Ohre — der lügt wie en Bürstebinder —
aber ich müßt ihm doch glaube —!

BÜCKLER   So. Und was denkste jetzt?

JULCHEN   Gar nix. Jetzt weiß ich's ja.

BÜCKLER   Was, daß ich lüg wie en Bürstebinder?

JULCHEN   Nein, wie zwei Bürstebinder und en Gäulsjudd dazu!

BÜCKLER   Das langt für en einzle!

JULCHEN   Ja, aber ich glaub dir!

BÜCKLER   Wirklich?

JULCHEN   Ich glaub dir — ganz und gar — was auch die Leut
sage —

BÜCKLER   Du, wenn du gern willst, kannst ruhig in mei Hand
gucke!

JULCHEN *zieht seine Hand auf ihre Brust* Jetz nit mehr.
Sie sitzen stumm.

JULCHEN *nach einer Weile* Horch!

BÜCKLER   Was hörste?

JULCHEN   Es pocht —

BÜCKLER   Der Tau troppt.

JULCHEN   Jetz geh ich nit mehr heim.

BÜCKLER *beugt sich über sie.*
*Ein Fenster wird knarrend geöffnet, im Rahmen erscheint Gott-
verdippelche, ein altes Weib, und schüttet eine Schüssel Wasser
in den Hof, gähnend, schlaftrunken.*

BÜCKLER, *wie das Wasser auf die Fliesen platscht* Gute Morge!!

GOTTVERDIPPELCHE *bemerkt ihn, erschrickt furchtbar* Kasper! Steh uff! Da is einer! Da is einer!!

BÜCKLER Kannst nit mehr zähle? Da sin doch zwei!!

GOTTVERDIPPELCHE *wird mutig, da sie die Frau bemerkt* Haderlump, biste auch noch frech?! Nix wie Unzucht treibe, am heilige Himmelfahrtsmorgen, in de fremde Höf, wo ma kei Erlaubnis hat?!

BÜCKLER *steht auf, dreht sich zu ihr um* Gottverdippelche, sei nit so grimmig! Du wirst doch zwei arme Landstreicher noch auf euerm Hofbänkche sitze lasse?

GOTTVERDIPPELCHE *kreischt auf, stürzt fast aus dem Fenster* Jerum, de Hannes, de Hannes, de Bücklerhannes selbig, ei Hannes, warum sagst es nit gleich — ei ich hätt's doch an der Stimm — ei gleich hol ich de — Kasper!! Kasper!! De Hannes is da, de Hannes! Kasper! Kasper! *Sie rennt krächzend ins Haus.*

JULCHEN Wer is die Hex?

BÜCKLER Ausm Kreuznacher Spinnhaus. Sie führt meim Vatter die Wirtschaft. Sechsmal die Woch is se besoffe, un stehlt wie siwwe Elstern. Sonst is se tadellos!

KASPER *weißhaarig, mit zerfurchtem Greisenkopf, tritt aus der Tür, schaut geblendet ins Sonnenlicht, streckt die Hände aus* Hannes —! Biste wirklich da —!

BÜCKLER *geht auf ihn zu, nimmt ihn bei der Hand, führt ihn zu Julchen* Das is mein Vatter. Er sieht nit mehr viel, du mußt nah bei ihn gehn. Un das is mei Weib.

KASPER *sieht sie genau an, betastet sie auch* Schön is se! Un dick, wo sich's gehört! Da muß was dran sein, an eme rechte Weib!

JULCHEN Das freut mich, daß du zufriede bist!

KASPER Der Hannes weiß, was er will! *Zu Bückler* Lang warste nit mehr da!

BÜCKLER Ich hatt viel Geschäfte, un bin als in de große Ödhöf abgestiege!

KASPER Meim Sohn stehn alle Höf offe aufm weite Hunsrück.

BÜCKLER Das will ich meine!

KASPER *an der Stalltür* Kätche! Kätche! Komm heraus! Mußt in die Wirtschaft laufe, Schnaps un Tabak hole!

PUDDELKÄTCHEN, *ein dünnbeiniges Waisenkind, kommt aus dem Stall, bleibt zitternd stehen mit einwärtsgedrehten Füßen, schielt zu Bückler.*

BÜCKLER Was is denn, Mädche, warum fährste denn samme? Haste Angst?

PUDDELKÄTCHEN Nein — aber ich fürcht mich! *Rennt wie gehetzt weg.*

BÜCKLER Die rennt —

KASPER *nicht ohne Stolz* Die Kinder hierzuland glaube, du hättst's mit dem Teufel!

JULCHEN   Gestern wär ich auch noch gelaufe wie 's böse Gewisse, wenn ich de Schinderhannes erblickt hätt!

KASPER   Ja, mein Sohn hat's zu was Großes gebracht in dere kleine Welt!

GOTTVERDIPPELCHE *schreit aus dem Fenster*   Der Kaffee is fertig!

BÜCKLER   Komm, Julche, der soll uns schmecke, auch wenn er von alte Bucheckern is! Heiß wird er ja sein!

JULCHEN   Ja, und schwarz auch!
Sie gehen lachend ins Haus.

KASPER *allein auf der Schwelle, tänzelt in der Sonne*   De Hannes is da!
Zwischen den Bäumen erscheinen einige Bettelkinder und Greise, von Puddelkätchen geführt, neugierig und angstvoll herglotzend.

KASPER   Ja, kommt nur all bei, ja guckt un staunt alleweil, 's is wahr, 's is wahrhaftig wahr, der Hannes is komme, hat e Weib mitgebracht, so stramm wie e zweijährig Weidekuh! Un Geld hat se! Wie welke Blätter! Zehn Säck voll Taler hammer schon ins Haus geschleppt! Ich muß gleich herein, zähle! *Er geht ins Haus.*
Hinter den Büschen ein schriller Pfiff. Die Bettler und Kinder stieben auseinander, verschwinden. Gleich darauf erscheint Margaret Blasius, gefolgt von Iltis Jakob, Seibert, Zughetto, Benedum.

ILTIS JAKOB   Laßt die Finger weg, sag ich euch, das is mei Mensch, da gibt's gar nix.

MARGARET   So? Dei Mensch bin ich? Das deet mir passe! So weit sin mir noch lang nit!

SEIBERT   Siehste, Jakob, da haste's!

ILTIS JAKOB   Ich werd schon wisse, wie weit mir sin, da brauch ich niemand zu frage!

ZUGHETTO   Ach was, Mensch is Mensch, un wenn de dir e Läppche um die Auge bindst, tut's dei Großmutter auch, gell Mädche? *Er versucht, Margaret unter den Rock zu greifen.*

MARGARET *kreischt, läuft ihm weg.*

BENEDUM *pocht an die Tür*   Hannes, laß die Hinkel heraus, der Hahn hat schon gekrische.

BÜCKLER *kommt mit Julchen heraus, die zu Margaret tritt*   Da, hört ihr die Hähn in de große Bauernhöf? Fett sin se, vom viele Hafer! Die brülle wie die Stier!

BENEDUM   Meinste, mir könnte ein schnappe?

BÜCKLER   Wir bräuchte sowieso ein Festtagsbrate.

ILTIS JAKOB   Los! Wer geht mit?

BÜCKLER   Ich geh selbst, ich kenn hier die Schlich.

BENEDUM   Einer muß Schmier stehn.

ZUGHETTO Das mach ich, ich kann am beste über die Finger
pfeife.

BÜCKLER Drin is Quetscheschnaps. In zehn Minute sin mir wieder da.

Ab mit Zughetto.

Benedum, Iltis Jakob und Seibert gehn ins Haus.

JULCHEN UND MARGARET *bleiben allein.*

MARGARET Du, wolle mir rasch fort?

JULCHEN Warum denn?

MARGARET Ich glaub, mir sin hier nit sicher.

JULCHEN Wenn er selbst dabei is, tut dir keiner was.

MARGARET Ja, das glaub ich auch. Wenn er selber da is —

JULCHEN Ich möcht bei ihm bleibe.

MARGARET Ganz?

JULCHEN Ja, solang's geht.

MARGARET Wenn ich ihn hätt, blieb ich auch.

JULCHEN Geh heim, un sag's dem Vatter, ich hätt e Stell gefunde.

MARGARET Ja, daß ich das Geflenn höre muß un de Geigeboge
auf de Kopp krieg! Ich hab's auch satt! Ich bleib überhaupt
auch!

JULCHEN Ich mein, du hättst Angst?

MARGARET Vielleicht nimmt er uns alle beide —

JULCHEN *lachend, schlingt den Arm um sie* Das glaub ich nit —
*Hinter den Bäumen taucht der Gendarm Adam auf mit zwei
Gendarmen. Scheerer und Stämmele, zwei reiche Hofbesitzer,
begleiten sie.*

SCHEERER Da wohnt sein Vatter. Aber eigentlich gehört das
Haus der Gemeinde. Der Bückler junior hat sich's widerrecht-
lich angeeignet.

ADAM Ei, wozu bist du Gemeinderat, wenn du so was passiere
läßt?

SCHEERER Mir hawwe uns als nit getraut, was zu unternehme,
aus Angst vor Brandschäde! Aber jetzt, denk ich, wo die Gendarmerie hier is, könnte mir den Alte ausräuchern. Vielleicht
erfährt ma dann vom Junge auch was.

ADAM Der is über alle Berg, sonst hätte mir'n schon!

Sie kommen herbei.

ADAM *bemerkt die Mädchen, die gerade ins Haus wollen, noch
ohne sie zu erkennen* Halt! Stehnbleibe! Da wäre ja schon
zwei Galgevögel!

JULCHEN *dreht sich herum, sieht ihn an.*

ADAM *fährt zusammen* Was tust denn du hier —?

JULCHEN Ich such hier e Stell —

ADAM So? In der alte Mühl, die nit mehr mahlt?

MARGARET Ei, weißt du's nit —

JULCHEN *winkt ihr zu schweigen.*

ADAM *zu den Gendarmen* Ihr zwei geht emal ins Haus un verhaftet alles. Das Mädche kann mitgehn. *Die Gendarmen mit
Margaret ins Haus* Ihr zwei — *zu den Hofbauern* — unter-
sucht emal die Ställ auf Schluppwinkel un Diebsgut. *Die Bauern ab. Zu Julchen* Du bleibst hier.

JULCHEN   Wer hat mir hier zu befehle, wo ich bleib?!

ADAM   Ich befehl ja gar nit. Aber du brauchst mir auch nit so
grob zu komme.

JULCHEN   Ich komm so, wie ma mir kommt!

ADAM   Das is nur, weil ich nit erwarte konnt, dich hier zu treffe.

JULCHEN   So, un deshalb brauchst du mich noch lang nit am Arm
zu packe wie e Bettelmensch!

ADAM   Julche, jetzt sag mir's doch, was du hier treibst!

JULCHEN   Ich hab dir doch gesagt, ich such e Stell. — Hier wär was
frei, hab ich gehört, bei eme alte Mann. Ich wollt grad hinein-
gehn, frage!

ADAM   Da bin ich ja noch recht komme.

JULCHEN   Ich hab's nit mehr ausgehalte mit dem Vatter. Als nix
wie Jammern un Vorwürf, daß mir kei reiche Herrn bringe!

ADAM   So, un da läufste einfach weg, bei Nacht und Nebel?

JULCHEN   Ja, was sollt ich denn mache —? Ich wär dann noch emal
heim, mei Sach hole!

ADAM   Un hast gar nit dran gedacht, erst emal en Freund zu
frage —?

JULCHEN   Ich hab ja kein —

ADAM   Julche — Warum guckste mich denn nit an? Kannste mir
nit in die Auge sehn? Julche! Magst mich nit mehr?

JULCHEN   Nein, eigentlich nit. *Plötzlich dicht zu ihm* Du, geh
fort! Wenn du mich gern hast, geh fort! Ruf dei Leut samme
un geh! Ich komm dann später ins Dorf — un sag dir alles!

ADAM *packt ihre Hand* Jetzt will ich's wisse! Hier will ich's
höre! Da sin mir allein, un später is en Lumpsack!

JULCHEN   Du — ich kann jetzt nit — ich hab jetz kei Zeit — ich —
laß mich los —

ADAM   Julche — du kommst jetzt mit! Ich bring dich hier weg!
Ich helf dir! Ich sorg für dich! Ich laß dich nit mehr los, wehr
dich nit! Ich kann dich auch zwinge!

JULCHEN   Laß mich los! Ich ruf laut, wenn du nit aufhörst! Ich
schrei! Ich — da!

*Im Haus lautes Stampfen, Fluchen, eine Scheibe zerklirrt.
Adam läßt Julchen los, gleich darauf erscheinen die beiden
Gendarmen, schleppen Kasper und Gottverdippelche heraus,
auch die Bauern tauchen aus dem Stall wieder auf.*

GENDARM   Drei Stück sin entwischt. Bis aufs Dach hammer se
getriebe, dann sin se durch die Fensterluk gesprunge!

ADAM   Da is ja der Alte! Her mit ihm!

KASPER Was is denn los, wo is denn mein Sohn, mir hawwe
grad Kaffee getrunke, ich seh ja gar nix, Julche, wo biste
denn —?

GENDARM Was? Der kennt dich?

JULCHEN Schweig! Ich geb dir kei Antwort mehr.

ADAM Legt den Gefangenen Handschelle an!!

GOTTVERDIPPELCHE *beginnt zu schreien und zu jammern.*

ADAM Los!! Wird's bald!!

GENDARM Die alte Leut könne ja so nix mache!

ADAM *in sinnloser Wut* Handschelle!!

JULCHEN Pfui! Pfui Teufel! Du Schinder!

ADAM Still da! Handschelle hab ich gesagt!!

JULCHEN Aussprucke muß ma vor dir!!

ADAM Gleich leg ich dich auch in Eise, du schlecht Mensch!!

JULCHEN Wag's nur!!

ADAM *schreiend* Schweig!! Handschelle!!
    *In diesem Augenblick treten Bückler und Zughetto aus den
    Büschen, jeder hat einen mächtigen Hahn und eine Gans am
    Gürtel baumeln. Hinter ihnen Benedum, Iltis Jakob, Seibert
    und andere Banditen.*

DIE BAUERN Der Schinderhannes! Der Bückler!! *Weichen kreuz-
    schlagend zurück* Mei beste Staatshahne! Mei Stoppgäns!

GENDARM *schreit auf* Jesu Zuversicht, ich hab siwwe Kinner!!

JULCHEN *mit einem Sprung zu Bückler, packt seine Hand.*

ADAM *starrt sie an, steht wortlos.*

GENDARM *wankt, hält sich an seinem Kameraden.*

BÜCKLER *tritt langsam vor* Gottverdippelche, hol emal die
Schnapsflasch! Dem Mann wird üwwel!

KASPER Hannes, die wolle mich in Eise schließe!

BÜCKLER Das werde die sich als noch e bißje überlege.

ADAM, *als höre und sehe er nichts, wendet sich zum Gehen.*

BÜCKLER Halt! So rasch sin mir nit fertig! Erst sag emal deine
Bleisoldate, die solle uns ihr Kanöncher abgewwe!

ADAM Ich hab hier nix mehr zu sage. Für mich is aus.

BÜCKLER *tritt zu ihm* Adam! Laß doch nit gleich de Kopp hänge!
Mich hast du auch schon geschnappt! Heut is es emal umge-
kehrt! *Zu den Gendarmen* Los! Die Revolver raus!!

BENEDUM *nimmt sie ihnen ab.*

ERSTER GENDARM *schnallt rasch seinen Säbel ab, will ihn auch
geben.*

ZUGHETTO Du, dei Brotmesser kannste ruhig behalte! So
Sache hammer selbst! *Hält ihm ein langes Stehmesser unter
die Nase.*

ZWEITER GENDARM Wenn's nit so rasch gange wär, wär alles
anners komme.

BÜCKLER Ja, dann hätte mir dir e paar neue Öffnunge gebohrt,

damit du mehr Durchzug hast, du muffiger Butzellümmel! Los,
jetz!! Trab trab galopp! Wenn ich in zwei Minute noch seh,
der kriegt sei eige Pistolekugel in de Hinnern!

DIE GENDARMEN *rennen.*

SEIBERT *singt*
>>Laaf, was de laafe kannst,
Bis de Mittwoch früh,
Sonst haun mir krumm und lahm dich all
Un sperrn dich in de Schweinestall,
Denn da gehörst de hi!<<

ILTIS JAKOB *ruft den Gendarmen nach*   Halt!

DIE GENDARMEN *bleiben stehen, drehen sich um.*

ILTIS JAKOB   Der zweite von links hat falsche Tritt!

DIE GENDARMEN *laufen fluchend unter dem Gejohl der Bande
weiter, verschwinden. Adam folgt langsam.*

ZUGHETTO   Hättst ihm's Genick umgedreht und seine Kerl die
Gurgel — wär besser gewese.

BÜCKLER   Ach was. Ich mag kei Leich. Jetzt packt mir emal die
zwei Mistböck da hinne, die sich grad in de Stall verdrücke
wolle!

BENEDUM UND SEIBERT *schleppen die reichen Bauern nach vorne.*

BÜCKLER   Ihr Saubauern! Ihr habt gedacht, jetzt könnt ihr's wage,
weil die Gendarme hinter mir her sin, un habt mein Vatter
angewwe! Dem alte Mann gönnt ihr sei Ruh nit, der keim
Spatz e Haar krümmt in seim Häusje?!

STÄMMELE   Das Haus gehört nicht ihm!

BÜCKLER *brüllend*   Niemand gehört's! Dem Teufel gehört's! Dem
Feuer gehört's! Heut nacht brenn ich's samme mit Stump un
Stiel! *Zum Kasper*   Jetzt hättste doch kei ruhig Stund mehr
drin, wo die Saukerl die Polizei druffgehetzt hawwe. Ich nehm
dich mit in de hohe Hunsrück un such dir e neues! *Zu den
Bauern*   Aber ihr zwei, pumpt all eure Fässer voll, damit ihr
gut lösche könnt! Wenn das Haus brennt, braucht's Gesellschaft! Ihr Dreckmäuler, ihr Knechtschinder, euch kenn ich!
Mei halb Kinderzeit hab ich vor eure Hoftorn gestande, ume
Krüstche Brot! Immer die selb Litanei: bei de Arme kriegt ma
als noch en Notbrocke — — bei de Reiche nix wie Hundsbiß!
Gestäupt bin ich worde, mit nasse Birkezweig, vor alle Leut,
auf de nackte Arsch! Wege e paar verlauste Pferdsdecke! No,
jetzt habt ihr mir das Arschgeld bald bezahlt!

JULCHEN *tritt hinter ihn, legt ihre Hand auf seine Schultern.*

GOTTVERDIPPELCHE *erscheint in der Tür, sie ist stark betrunken*
Da wär die Schnapsflasch — wenn se noch gebraucht wird.

BÜCKLER   Macht euch en gute Tag! Heut nacht ziehn mir weiter.
Komm, Julche! *Er geht mit ihr ins Haus.*

ZUGHETTO *nimmt Gottverdippelche die Flasche aus der Hand, dreht*

sie mit dem Hals zur Erde, es kommt kein Tropfen heraus
Ausgesoffe, du Schnapseul?!

GOTTVERDIPPELCHE   Ich will nit selig werde — grad hat se noch
gegluckert!

BENEDUM *zu Iltis Jakob*   Du, brauchst e paar Stiefel?

ILTIS JAKOB *nickt, sie fallen über die reichen Bauern her, schmeißen
sie um, ziehen ihnen die Stiefel aus.*

ILTIS JAKOB *während die Bauern schweigend und voll verbissener
Wut aufstehn*   Heut abend knistert's, heut nacht gibt's Funke!
Was der Hannes verspricht, das hält er!

KASPAR BÜCKLER *auf der Haustreppe*   Schad is, schad is um mei
Häusche! Aber der Hannes kauft mir e neues, hat er gesagt!
*Zu den Bettlern und Armeleut, die wieder neugierig heran-
schleichen*   Hoch is er hinaufkomme, mein Sohn!

BAUER STÄMMELE *auf nackten Sohlen forthinkend, schreit*   Der
kommt noch höher! Bis auf die Galgetrepp!

BENEDUM   Obacht, verschluck dich nit!
Wildes Gelächter.

Zweiter Akt

*Ein Jahr später: Ostersamstagabend, im Wirtshaus ›Grüner
Baum‹. Trübes Licht von draußen. Der Regen prasselt gegen die
Fensterscheiben. Im Ofen brennt noch Feuer. Ein paar Mäntel und
Jacken sind zum Trocknen aufgehängt. Die Gaststube ist leer. —
Aber von oben hört man gedämpften Lärm, die Klänge einer
Ziehharmonika, Gestampfe von Tanzenden. Dann und wann hel-
les Geschrei, Weiberkreischen. Die Tür wird aufgestoßen. Chri-
stian Zoppi, Metzgermeister, massive Erscheinung, mit Knoten-
stock und Ochsenziemer, tritt ein, schüttelt das Regenwasser vom
Hut und von den Kleidern.*

ZOPPI   Holla! He! Wirtschaft! *Er lauscht nach oben, dann ruft er
hinaus*   Treibt die Ochse in de Stall, bind se gut fest un hängt
en die Kripp voll Heu! Dann geht in die Küch un laßt euch
heiße Supp gewwe un e Budellche Rote! *Er haut mit dem Stock
auf den Boden*   Hier steht Christian Zoppi mit siwwe Metzgerbursch, lauter nasse Köpp un leere Bäuch! Soll ma denn
hier am Hungerpips verrecke?!

WIRT *steckt den Kopf aus einer Türspalte*   Wer is denn da schon
wieder un macht Krakeel, als ob er's in bar bezahle könnt!

ZOPPI   Komm heraus, Bäumcheswirt, du wirst nit gebisse!

WIRT *kriecht hervor, sieht sich ängstlich nach allen Seiten um.*

ZOPPI   Los, mach e bißje! Bring mir was zu esse! Zwanzig Meile
über Land, mit ener Raß frisch gekaufter Schlachtochse — bei

dem Säuwetter — das is e ander Sach, wie alleweil mitm Hose-
bode übers Ofebänkche gerutscht!

WIRT   Ei, Zoppi, biste verrückt, daß du im Hunsrück Ochse
kaufst?! Ei, treibt se doch zum Rhein herunter, so rasch wie se
laufe könne!

ZOPPI   Gäulsfürz! E warmes Esse will ich, un e Viertelche
Quetscheschnaps! Allez vite!

WIRT *dicht bei ihm, flüsternd*   Zoppi — bis du die Supp geblase
hast, sin dei Ochse geschlacht, un in dei Geldkatz kannste
Regenwürm un tote Maulwürf sperrn!

ZOPPI *packt ihn am Schlawittchen*   Aha! Hammer dich, Bürschje?! So einer bist du?! Ich hab mir's gleich gedacht, wie ich die
leere Gaststub gesehn hab! *Er deutet nach oben*   Sichere Leut
— he?!

WIRT   Die ganze Schinderhannesband is beisamme! Auf meim
Tanzboden sieht's aus, als hätte tausend Teufel durch die Dach-
sparrn geschi—!

ZOPPI *schüttelt ihn*   So — un seit wann machst denn du Salz un
Kümmel mit dene Lumpebrüder? Gibt's denn kei ehrlich Wirtschaft mehr an der Landstraß? Euch sollt ma 's Handwerk zu-
allererst lege — ihr Kundewirt, ihr Diebeshehler, ihr gepfef-
ferte un geriwwelte Baldowerer!

WIRT   Laß mich los, Zoppi, was kann ich denn dafür — ei, schüttel doch de Bürgermeister un de Amtmann un de Polizei, schüttel doch die Dreckbauern un die Holzknecht un die Fuhrleut —
ei, schüttel doch de ganze Hunsrück durch e Sieb, un guck, ob
einer drin liegebleibt, der's nit mitm Schinderhannes hält!

ZOPPI *läßt ihn los*   Un deshalb will ich erst recht mei Esse un
mein Quetscheschnaps!

WIRT *zieht sich schleunigst zurück*   Ihr Metzger habt dickere
Köpp wie all euer Ochse! Wenn du nachher auf der Nas liegst
mitm verschmissene Schwelles un 'm verdrehte Genick, nachher
wirst an mich denke!

ZOPPI   So hurtig läuft die Flasch nit aus! Metzgerblut ist keine
Buttermilch! *Er steckt die Pfeife an.*

WIRT   Ich wasch mir die Händ un will's nit gewese sein! *Er verschwindet.*

ZOPPI *hinter ihm herknurrend*   Wart nur, Börschje, du kriegst
se, dir werd ich die Supp noch salze.

EIN METZGERBURSCH *kommt eilig herein*   Da schleicht als einer um
de Stall herum — un e paar Kerl stehn hinterm Haus un stecke
die Köpp samme!

ZOPPI *ruhig*   Der Schlag soll se treffe.

METZGERBURSCH   Ich glaub, die hawwe's auf unser Ochse abge-
sehn! Wenn's der Schinderhannes is mit seine wilde Tiern,
dann könne mir acht Mann nix mache!

ZOPPI Immer kalt Blut un warm angezoge! Mei Ochse sin hier so sicher, als wärn se schon im Schlachthaus!

METZGERBURSCH Dafür deet ich danke, wenn ich en Ochs wär!

ZOPPI Halt de Schnawwel, du vorwitziger Rotzbub! Zwei Mann ziehn auf Poste in de Stall — un wenn was los is, dann pfeift mir! Ich krieg se schon eweg! Die sollt ihr heut noch laufe sehn!
Im selben Augenblick draußen laute Stimmen, Schreie und Ochsengebrüll.

ZOPPI Heilig Dippchenochenei! *Er springt auf und rennt zur Tür.*

EIN VIEHTREIBER *stürzt ihm entgegen* De Schinderhannes! De Schinderhannes!
Viehtreiber und Metzgerbursch retirieren hinter die Tische und von da durch die Küchentür hinaus — während durch die vordere Tür, mit einer schwarzen Halbmaske vorm Gesicht, Zughetto erscheint, von Seibert gefolgt.

ZOPPI *tritt ihnen entgegen* Die Händ von meine rechtmäßige Ochse, sag ich euch! Ich bin Christian Zoppi un versteh kein Spaß!

ZUGHETTO Un wenn du de goldene Domsgickel von Kölle wärst: — hier sin mir die Herrn, un du hast's Maul zu halte!

ZOPPI Mach die Gäul nit scheu, du Heckebankert! Ich redd, wann ich will!

ZUGEHTTO Säukerl, soll ich dich an deine Schlappohrn über die Haustür nagele wie en totgeschlagene Uhu?! Soll ich dir de Bauchnabel in ranzig Öl backe?! Mistkäfer! Du stehst vorm Schinderhannes!

ZOPPI Geh doch heim, du mit deim ausgefranste Schnurrbart! So en struppige Geißbock is der Bückler noch lang nit! Erst mach emal den Drecklappe vom Gesicht herunter, wenn de mit mir redde willst! Ei, ich deet mich schäme, in der Karwoch als Faßenachtsnarr herumzulaufe!

SEIBERT Heilig Lewwerwurscht, der gibt dir's, Schoggo, das deet mir lange!

ZUGHETTO *reißt wütend seine Maske ab, schmeißt sie zu Boden, man sieht, daß er schwer betrunken ist* Das is mir ganz egal, die Ochse wern geschlacht, ich will heut nacht noch Lendebrate fresse, un wenn du die Häut heimtrage willst, dann mußt du se bar bezahle, merk dir's!

ZOPPI Ich sag euch: wer einem Ochs e Haar krümmt, der wird's bitter bereue! Hinter meim Vieh steht mehr wie die Metzgerzunft!

SEIBERT Geh, redd nit so geschwolle, dei Viehtreiber un dei Borsch hawwe die Hose voll, un mit dir mache mir kurze Prozeß, wenn de frech wirst!

ZOPPI   Wenn du wüßt, was ich weiß — dann deetste renne wie der Has vorm Treiberläppche!

SEIBERT   No — was weißt denn du? Daß der Ortsgendarm besoffe is un de Amtmann sei Gichtknolle pflastert? He? Was weißt denn du?

ZOPPI   Ich weiß, daß ihr all mitenanner in fünf Minute verschwindibus wie Rauch — wenn ihr euch nit die Haar wollt schere lasse!

SEIBERT   Bei dem rappelt's!

ZOPPI   Ihr habt auch lang kei gestreifte Kittel mehr getrage, gell? E Zuchthaus is kein Kaninchestall, ihr Brüder!

SEIBERT *schreiend*   Was du weißt, will ich wisse! Raus mit der Sprach, sonst hol ich dir die Klöß ausm Hals, un wenn's mitm lange Messer is!

ZOPPI   Ich redd kei Wort mehr. *Er setzt sich an den Tisch.* Wirt! Mei Esse!

SEIBERT   Mein lieber Schwan — verbrenn dir nur die Zung nit an deim Esse! Glaubst du, du könnst uns hier auf de Kopp spucke, weil du daheim auf dicke Zinsfüß läufst? Die Zeite sin vorbei, Freundche! Hier aufm Hunsrück, da ruft der Gugguug nit mehr für die reiche Leut, da hat'n annerer Wind geblase!

ZUGHETTO   Un mei Großvater hat immer gesagt: Ein Scheißkerle, wer in der heilig Osternacht nit besoffe is! Ein Scheißkerle!

SEIBERT   Halts Maul, Schoggo, mach dir kein Fleck ins Hemd! *Er stemmt die Arme auf den Tisch, beugt sich weit vor, daß er fast Zoppis Gesicht berührt, faucht ihn an* Was weißt du, he?!

ZOPPI   Weg, Handkäsfresser, du stinkst ausm Hals!

SEIBERT   Kerl, du hast dei Totehemd an! *Er schlägt nach ihm. Zoppi pariert. Gleichzeitig geht eine Seitentür auf, hinter der man die Treppe nach oben sieht. Auf der Treppe erscheint Benedum, über ihm durch eine falltürartige Bodenklappe, einige Köpfe, die herunterlugen. Die Musik von oben tönt lauter.*

STIMMEN *von oben*   Wo bleibt denn's Ochsefleisch un die frische Rindsupp? Habt ihr 's überzwerg Lochstück noch nit abgeschnitte?

ZUGHETTO   Hier muß erst der Oberochs gegerbt werde, vorher is nix!

BENEDUM *kommt herunter*   Die Hand von der Pistol, Seibert! Wenn der Bückler heimkommt un es liegt ein Toter in der Stub, für nix un wieder nix, nachher kriegste de die Kränk ohne Doktor! — Was is denn los?

SEIBERT   Der sagt, er weiß was, aber er weiß ja gar nix!

BENEDUM   Was will er wisse?

SEIBERT   Er hat gedroht, er hat aus der falsch Kehl geblase — aber jetz is ihm der Adam ausgange, jetz klemmt er die Zähn samme vor Angst un Bang!

ZOPPI *zu Benedum*   Wo steckt denn euer Bückler, he?!

BENEDUM   Das geht dich grad nix an, Metzger, wenn's mir selber nit wisse.

ZOPPI *lacht*   Der wird e sicher Schlafstub hawwe, mit schöne eiserne Vorhäng! E schwedisch Gardin, wenn das nobler is!

BENEDUM *mit einem Sprung auf ihn los*   Was haste gesagt?!

ZOPPI   Ei, habt ihr denn kei Ohrn!

BENEDUM   Seibert, dapp en!

Sie dringen von zwei Seiten auf Zoppi ein, der, hinterm Tisch, auf die Fensterbank springt und das Fenster aufstößt.

ZOPPI   Ei, hört ihr denn nix, ihr Blindschleiche?!

SEIBERT *schmeißt den Tisch um, will Zoppi packen*   Ich mach en kalt!

ZOPPI   Ja, morge früh! *Er springt durchs offene Fenster in den Hof, ruft von draußen herein*   Hört ihr denn als noch nix?! *Er verschwindet.*

SEIBERT *schreit*   Wachtposte! Petronellemichel! Hinterdrein! Gebt Feuer! Legt ihn um! *Er will zum Fenster hinaus.*

BENEDUM *packt ihn an der Schulter, mit steifem Arm, wie von plötzlichem Schrecken gelähmt*   Halt —

Auf der Treppe erscheint der Musikant Benzel, hinter ihm in der Bodenluke einige Frauenzimmer — er spielt auf der Ziehharmonika, sie singen kreischend: »Das war im Böhmerwald, wo meine Wiege stand, im dunklen Böhmerwald, da bin ich wohlbekannt —«.

BENEDUM   Ruhe! Seid doch emal still!

BENZEL *hört auf zu spielen, die Weiber kreischen noch weiter.*

BENEDUM   Ruhig! Sakrament! Ich dreh euch de Hals um, Dreckmenscher!

DIE WEIBER *verstummen, ziehn sich rasch zurück. Die Luke klappt zu, es wird sehr still.*

BENEDUM *steht mit Seibert am Fenster, sie lehnen sich weit hinaus* Hörst du was?

SEIBERT   Ach wo. De Wind pfeift —

BENZEL *mit dünner Falsettstimme*   Der pfeift aber komisch —

ZUGHETTO *knurrend*   Angstschisser!

Jetzt geht die Wirtshaustür auf, alle starren hin, herein kommt Froschtöter, ein halbwüchsiger, etwas verwachsener Bengel, mit einem großen Sack auf dem Rücken — er geht schleifenden Schritts mitten durch die Stube, zur Schänk, wo eine Fenstertür in die Küche führt.

SEIBERT   Was bringste da, Krüppel?

FROSCHTÖTER   En ganze Sack voll junge Brunnefrösch, mit zarte, grüne Schenkelcher! Das fresse die Franzose gern!

ZUGHETTO   Die Säu!

FROSCHTÖTER *verschwindet grinsend in die Küche.*

SEIBERT *kommt langsam nach vorne* Was hat er gesagt —? Die
Franzose?! Ei, habt ihr's denn gehört? — Die Franzose — hat er
gesagt —

ZUGHETTO *geht plötzlich auf die Tür los, hinter der Froschtöter
verschwunden ist* Der Spitzel! Der Spürhund, der giftkrot-
tige!

DER WIRT *streckt hastig den Kopf durchs Schiebefenster. Schreit in
die Gaststube* Ich schenk nix mehr aus heut! Die Wirtschaft
muß geräumt werde! *Er klappt das Fenster zu, man hört einen
Schlüssel schnappen.*

ZUGHETTO *wirft sich gegen die Tür* Verflucht!

BENEDUM *immer noch am Fenster* Das is der Wind nit! Das is
der Wind nit —

SEIBERT *leise* Kotz un verreck!

*Jetzt hört man, immer deutlicher, aus der Ferne heranstechend,
eine schrille hastende Militärmusik, gleichmäßig stampfendes
Taktgeräusch, schartige Bläsertöne, dünne, gelle Pfeifen, dumpf
stoßende Trommelwirbel.*

BENZEL *nach einer Weile, mit zitternder Stimme* Ich glaub, die
ziehn weiter. — Die komme nit her. —

Die Musik reißt ab.

SEIBERT Sie halte!

BENEDUM Schließt die Fensterläde! Macht Licht! Halt, Benzel,
hiergebliebe! Jetzt wird sich nit unter die Weiberröck
verkroche! Tür zu! Wenn die drowwe nix gehört hawwe,
brauche se nix zu wisse. Das fehlt noch, daß alles durchenanner-
läuft un dem Wolf ins offene Maul rennt wie die Schaf im
Dunkel!

SEIBERT Wenn mir wüßte, wo der Hannes steckt!

ZUGHETTO Warum macht er auch immer sei Extratourn, wo nix
dabei herauskommt!

SEIBERT Da is noch alleweil en gute Schlag dabei herauskomme,
für dich wie für die andern, alter Schlechtschwätzer!

ZUGHETTO Wenn du dich nur owwe anschmuse kannst, Loch-
krawweler!

BENEDUM Ihr zwei müßt noch keppele, wenn der Henker die
Schling wachst. Guckt lieber nach, ob die Wach trocke Pulver
hat.

BENZEL Ihr wollt doch nit schieße, gege 's leibhaftig Militär!

BENEDUM Wolle wolle mir nit, aber müsse werde mir müsse.

BENZEL Ei, warum nehme mir nit die Bein unter de Arm un
butze die Platt, solang se warm is? Warum solle mir denn
schieße, solang mir laufe könne? Ich kann ja gar nit ziele mit
meim Glasaug!

BENEDUM Da kannste's als Sprengkugel in die Büchs lade. Still
jetzt. Ich will emal ins Dorf, baldowern. Seibert, du hältst die

Leut samme! Solang mir nit wisse, wo der Bückler steckt, solang verläßt mir keiner das Quartier!

SEIBERT   Un wenn der Metzger hingange is un führt die Franzose
her? Un wenn er wirklich was gewußt hat in seim hinterfotzige
Klotzkopp, daß der Bückler sitzt?! Was mache mir denn, wenn
se de Hannes geschnappt hawwe, un jetz komme se angerückt,
kolonneweis?!

BENEDUM   Soll ich's denn wisse? Frag doch nit so dumm!

ZUGHETTO   Ich bin kein Hoseschisser, aber der Benzel hat recht,
das beste wär, mir deete die Platt butze — en Ranke Brot un die
Schnapsbuddel eigesteckt un en leere Stall gesucht oder en
Heuschober — dann könne se Ostereier lege bis morge früh!

BENEDUM   Un ich sag: Solang mir nit wisse, wo der Bückler
steckt, verläßt mir keiner das Quartier nit! Er hat gesagt, auf
alle Fälle hier beisammebleibe, bis er zurück is! Wenn mir de
Dachboden besetze mit alle Gewehr, un auf jeden, der aus de
Luke schießt, komme zwei, die lade — dann solle se nur anrücke, kolonneweis, dann könne se kalte Ärsch kriege, kolonneweis!

*Von draußen hört man den Wachtposten, Petronellemichel,
laut rufen.*

PETRONELLEMICHEL   Halt! Stehebleibe! Nit gerührt, Bürschje, wenn
dir dei Lebe lieb is! Macht emal die Tür auf, ich hab ein! Licht
her!

ZUGHETTO *reißt die Tür auf*   Als herein mit em! Hier wird sauber
balbiert!

PETRONELLEMICHEL *schleppt den zitternden Metzgerburschen herein*   Da, guckt's euch an, das Jammerläppche!

METZGERBURSCH   Tut mir nix, ich tu euch auch nix!

BENEDUM   Da hammer ja Glück!

SEIBERT   Ja, da hammer ganz en große Fang gemacht!

METZGERBURSCH   Laßt mich doch laufe, ich kann ja nix dafür, ich
hab's ja nit gewüßt, ich bin ja auch nur en arme Dreckteufel
un hab nix wie mei lumpig Lebe!

PETRONELLEMICHEL   Die annern sin auf un davon, der Meister
vornedran, alsweg de Berg enuff, in Richtung aufs Gemeindehaus! Den hab ich grad noch gedappt, weil er über sei schlanke-
lige Plattfüß gestolpert is!

METZGERBURSCH   Der Meister, der hat's gewüßt, der hat schon
gleich die große Sprüch gekloppt, mir hawwe's nit gewüßt, daß
unser Ochse für die Franzose sin, so wahr ich leb, mir hawwe
nix gewüßt!

SEIBERT   Da haste's! Die hawwe hier schon furagiere lasse mit
Vorbedacht, die mache hier Quartier, die gehn gege uns, die
wolle uns ausräumern!

BENZEL   Ich heb die Händ hoch, wenn se komme: Pardon, Cama-

rade, nix méchant, Camarade, Chocolade, Camarade¯ — s'il vous
plaît prisonnier, das is mir ganz egal!

BENEDUM   Un dann e eisern Armband un ins Kittche spaziert,
das is dir auch egal, he?

BENZEL   Ausm Kittche kommt ma raus, ausm Grab nit!

ZUGHETTO   Da is was Wahres dran.

BENZEL   Siehste, Schoggo, jetzt wirste nüchtern!

PETRONELLEMICHEL   Es muß was geschehn, soviel is sicher.

SEIBERT   Enuff in die Dachluk, un alle Flinte gelade!

BENEDUM   Aber totestill, damit se nit wisse, wo mir stehn.

METZGERBURSCH *will sich lautlos verdrücken.*

SEIBERT   Halt! Der muß mit enuff!

METZGERBURSCH   Was soll ich denn drowwe, was wollt ihr denn
mit mir?

ZUGHETTO   Wenn mir nix mehr zu fresse hawwe, wirst de durch
die Fleischmaschin gedreht.

METZGERBURSCH   Ach Gottche, Gottche, Gottche, wenn das mei
Mutter wüßt!

SEIBERT   Da deetse sage: Aus dem is doch noch was worde! Allez!
*Sie steigen zum Boden hinauf, schleppen den Metzgerburschen
mit.*

DER WIRT *streckt vorsichtig witternd den Kopf durchs Schiebefenster, dann kommt er ängstlich heraus, schleicht zur Tür, hinter
der die Banditen verschwunden sind, dreht den Schlüssel um,
legt einen Riegel vor.*

FROSCHTÖTER *erscheint aus der Küche*   Sin se all owwe?

WIRT   All mitenanner, jetz noch drauße vorm Haus die Leiter
weg — dann hammer se sicher.

FROSCHTÖTER   Dann könne se zappele drowwe wie e Bütt voll
Kaulquappe! Jetz lauf ich rasch un hol die Soldate her, damit
mir die Köpfpreis kriege.

WIRT   Wenn der Bückler dabei wär, gäb's fünfmal soviel!

FROSCHTÖTER   Der wär uns nit in die Fall geschlupft, der riecht
Gift und Eise wie en alte Fuchs!

WIRT *an der Haustür*   Horch! De Hund bellt! Da komme se
schon!

FROSCHTÖTER   Die Franzose?!

WIRT   Ich weiß doch nit —

FROSCHTÖTER   Rasch enaus, die Leiter umgelegt!

WIRT *läuft hinaus, draußen Stimmen und Schritte.*

WIRT *kommt rückwärts wieder zur Tür herein, ihm folgen auf
dem Fuß die Bauern Raab und Rotkopp und ein paar andere
Männer aus der Ortschaft: Holzknecht, Achatschleifer, Steinbrecher.*

BAUER RAAB   Was machsten du da drauß, Bäumcheswirt?

WIRT   Nix genaues! Ich wollt nur emal gucke!

ACHATSCHLEIFER   Ob de Rege naß is, gell? Du bist mir de Rechte!

FROSCHTÖTER *schlüpft eilig in die Küche zurück.*

HOLZKNECHT   Der Osespitzel is auch dabei! Da stinkt's, wo der die Nas eneisteckt!

WIRT   Was möcht ihr denn — noch so spät? Ich hab eigentlich schon geschlosse —

ACHATSCHLEIFER   So, un wenn die Franzose komme, da is noch Feuer im Ofe, gell?

WIRT   Die Franzose —?

STEINBRECHER   Guck emal die Unschuld, das heilig Muttergöttesje!

BAUER ROTKOPP   Schwätzt nit lang und macht kurze Fuffzeh! *Zum Wirt* Is der Bückler hier oder nit?

WIRT   Was geht mich denn der Bückler an —?

BAUER ROTKOPP   Nit mehr wie die Schneck im Salat! Ob er da is, will ich wisse!

WIRT   Sei Leut sin in der Näh, glaub ich, ihn selbst hab ich seit siwwe Tag nit gesehn, mei Hand soll verdorrn, wenn's nit wahr is!

ACHATSCHLEIFER   Aus dem kriegste doch nix heraus. Ruf die Leut her, daß mir se frage könne!

WIRT   Das duut kei Gut, sag ich, das duut kei Gut! Besser wär, ihr deet wieder heimgehn un deet auch nix wisse mache bis morge früh!

BAUER RAAB   Ja, daß es uns morge früh der Star vom Kirschbaum pfeift! Nein, mir wolle gleich wisse, wie de Stecke schwimmt!

ACHATSCHLEIFER   Ruf dem Bückler sei Leut her, mir hawwe mit'n zu redde!

WIRT   Ei, ropp du doch selber der Katz e Haar ausm Schnurrbart un laß dir die Händ verkratze! *Er läuft rasch in die Küche zurück und schließt sich wieder ein.*

BAUER ROTKOPP   Jetzt sin mir so klug wie vorher. *Er setzt sich.*

HOLZKNECHT   Der Teufel soll in de Wald fahrn un alles zammesplittern mit Stump un Stiel! Was gehn denn uns die Franzose an un die Deutsche un de Krieg un 's ganze Drumherum! Damit kann ich mei Bälg nit füttern, wenn se kreische!

BAUER RAAB   Seit ich mei erste Windel beschisse hab un mei erste Krisch getan, weiß ich nix anders wie allweil Krieg und Soldate un Steuern un Abgab un Einquartierung, un Geld wo nix wert is, un Mehl, das ma nit behalte darf, un Fleisch, das ma nit bezahle kann, un für jeden, der 's Maul auftut, zwei Schutzleut un e Dutzend Richter, die 's ihm wieder zubinde! Seit hier der Schinderhannes groß worde is, hat sich kein Zinstreiber mehr übers Land gewagt, un wie mir hier sitze, hat keiner mehr en halbe Kreuzer Steuern zahlt! Unser Korn hammer selber gedrosche un unser Kartoffel selbst gefresse, un die

Würscht sin billig worde, weil kein fremde Händler mehr die Preis getriebe hat!

ACHATSCHLEIFER   Unser Werkmeister in der Schleiferei hat gesagt, die Bandite müßte raus, un es müßt wieder Ordnung gewwe, weil sonst kei Ausfuhr wär! Ei, was geht mich die Ausfuhr an, Ausfuhr is was für die reiche Leut, ich brauch kei Ausfuhr, ich brauch besser Esse, wenn ich schaffe soll!

STEINBRECHER   Das sin unser Brotherrn, die hole 's Militär, ob deutsch oder französisch, von de Fürschte oder von der Republik, damit se mehr Profit mache un uns schlechter bezahle könne!

HOLZKNECHT   Bravo! So isses auch mit der Holzschlägerei! De Fürscht von Lahnstein will sein Wald verjuxe, und mir hawwe die Händ voll Blase! Ei, hat denn der die Tanne wachse lasse un auf die Buchewurzel geregnt?!

BAUER ROTKOPP   Das hilft uns all nix, wie mir schimpfe un kreische, jetz isses aus mitm starke Joseph! Ihr habt se gehört einmarschiern un haltmache vorm Gemeindehaus, so viele Füß hawwe getrappt, wie kein Kaufmann hat zähle könne, e ganz Bataillon muß es sein, wenn's nit mehr sin.

ACHATSCHLEIFER   Un wenn se komme mit der ganze Rheinarmee un mehr Kanone wie Leut — solang er hier nit verrate wird, kriegt kein Teufel den Bückler zu fasse!

BAUER ROTKOPP   Wer redt hier von Verrate! Wenn der Schinderhannes im Hunsrück gehetzt wird, dann hat jeder Zwiwwelkaffer noch e Schlupploch, in das er verschwinde kann! Aber ich sag, es hilft uns nix! Die graben uns das Wasser ab, bis mir vor Durscht verrecke! Der Hannes kann uns nit mehr helfe — jetz muß er sich selbst helfe, jetz kommt er ins Gedräng, und das geht auf unserm Buckel aus! Sei Leut hawwe's toll getriebe, un er hat auch selbst en schwere Sündezettel, vorigs Jahr auf Christi Himmelfahrt hat er zwei reiche Höf herunnergebrannt, die Gutsbesitzer liege alleweil dene Mainzer Generäl in de Ohrn — un jede Magistratskass, wo er hat springe lasse, un jeder Soldategaul, wo er gestohle hat, heckt e neues Regiment gege ihn! Aber wer muß de Krieg bezahle, un wer muß hungern, damit der General hier Treibjagd mache kann? Mir, un unser Weiber un Kinner, un unser Vieh und unser Wirtschaft!

BAUER RAAB   So isses, bei de Generäl müsse mir zahle, un beim Schinderhannes hammer noch dazukriegt!

BAUER ROTKOPP   Un trotzdem sage ich: der Schinderhannes muß fort ausm Land, sonst geht uns die Saat verhagelt un richt sich nimmer hoch!

In der Tür erscheinen ein paar priesterartig schwarz gekleidete, aber recht armselige Gestalten, der Schullehrer Philipp Mose-

*bach, der greise Schmied Schauwecker, ein Mann mit Stelzfuß
und ein hagerer zerlumpter Bettelknabe.*

MOSEBACH   Christi Brudergruß, ihr rechtschaffene Männer.

ACHATSCHLEIFER   Da — guck, die Sektebrüder hawwe auch Pulver geroche! Ihr kommt grad recht, ihr Prophete, uns is
der Heilig Geist ausgange, vielleicht könnt en ihr wieder an-
zünde!

SCHMIED SCHAUWECKER   Mir letzte Jünger des Täufers Melchior
sin's gar nit anders gewohnt, Spott un Hohn is unser täglich
Brot, das mir in Demut fresse — aber wenn de nit gleich zu uze
aufhörst, du schlechter Pfälzer, du eingewanderter, du Kuckuck
im Bachstelzenest, du aufgeplusterter — da sollste de alte
Schmiedejockel kennelerne, wie er die Spreu vom Weizen son-
dert! Amen! *Er setzt sich.*

MOSEBACH   Friede, Friede, verzankt euch nit wege nix, ihr Männer, wo uns der böse Feind im Nacke sitzet, all ohne Unterschied!

BAUER RAAB   Wo kommt ihr denn her?

BETTELBUB   Mir han in der Wachstub gesesse vom Gemeindehaus
un hawwe die Auferstehung des Herrn erwartet, seit Einbruch
der Dämmerstund, aber es is als nix passiert, nur der Schmiedejockel hat ein streiche lasse —

SCHMIED   Saubub! Das war de Teufel, wo mir ausfahrn is!

BETTELBUB   Ich hab's geroche!

STELZFUSS   Schiß oder Satan, da sin die Gendarme komme von
Oberstein un hawwe gesagt: Ihr müßt hier raus, hier wird
Quartier gemacht, hier kommt e Regiment Chasseurs ins Ort,
zu Pferd un zu Fuß, mit Reiter un Wage, wie der Pharao, wo
die alte Judde verfolgt hat —

SCHMIED   Hab ich gesagt: Da soll de Dollbach aufschwelle wie
ein rotes Meer, un soll se verschlinge allesamt mit Roß und
Waffe —!

BAUER RAAB *lacht*   Das wär e Stückche!

MOSEBACH   Lacht nit, ihr Männer, euch sucht der Herr mit Plage
heim un schlägt euch im eigne Fleisch! Ich hab im Dunkel gestande mit meine zitternde Schaf, un hab se anrücke sehn un
redde hörn mit unserer Obrigkeit auf der Mairie: sie komme
her zur Straf wege der Räuberschaft un Rebellion, sie wolle de
Hunsrück säubern von zuviel Kraft un Widerstand, bei uns
wird zwangsmäßig ausgehobe, mir solle junge Leut stelle für
die Rheinarmee — jed Haus, wo mehr wie zwei Männer hat,
soll einer einrücke als Rekrut!

BAUER ROTKOPP *springt auf*   Soldat werde?! Mein Schorsch?
Mein Jörl?! Eher bind ich mei siwwe Taler in e Sacktuch un
mach übern Rhein, mit all meine Leut!

ACHATSCHLEIFER   Ja, daß dich drüwwe der Preuß un der Österrei-

cher packt un dich erst recht in de steife Krage zwängt un unter
die Pickelhaub!

STEINBRECHER   Krieg spiele und blutig Verreckelches, Schlacht-
hämmel, Kanonefutter, so muß es komme, dazu sin mir gut!

HOLZKNECHT   Da hack ich mir lieber mit meim große Beil das
Schienbein in Fetze!

BAUER RAAB   Un was hat unser Maire dazu gesagt — un was hat
der Schultes gemacht un der Friedensrichter un der Amtmann?!

MOSEBACH   Spar meiner brüderliche Scham die Antwort, Raab.
Du kennst ja die Sörtcher —

SCHMIED   Gekatzebuckelt hawwe se bis auf de Erdbodden, un
dem Herrn Kommandant die dreckige Stiffel abgeleckt, da hätt
nit viel gefehlt!

BAUER ROTKOPP *läßt den Kopf auf die Tischplatte fallen*   Hätt ma
nur kei Kinner in die giftig Höllewelt gesetzt.

MOSEBACH   Lasset uns beten — *Er beginnt stockend: Schmied,
Stelzfuß und Bettelbub fallen leiernd ein* »Herr, der du uns
Ärmste der Armen — uns Ärmste der Armen — mit Wasser und
Feuer wiedergetaufet hast — wiedergetauft hast — laß uns das
Haupt hochheben gegen alle Verfolgung der Widersacher —
gegen alle Verfolgung der Widersacher — und nicht ablassen
von unser Glaub und Recht — von unser Glaub und Recht —«
*Wildes Hilferufen und Schreie einer Frau gellen plötzlich von
oben, dann auf der Treppe und hinter der vom Wirt verriegel-
ten Tür — es wird mit Fäusten und Füßen gegen die Tür getrommelt — man hört Schritte, Rufe, Gestampf — alles springt
auf, lauscht entsetzt — einige stürzen zur Tür.*

ACHATSCHLEIFER   Hebt doch die Riegel hoch! De Riegel uff! So!
Un de Schlüssel rum, da is ja zugeschlosse! Halt aus, Mädche,
mir komme!
*Die Tür geht auf, heraus stürzt Margaret Blasius, mit zerrauf-
tem Haar und zerrissenen Kleidern, Würgmalen am Hals, Blut-
spuren an der Stirn, sie rennt wie besessen bis in die Mitte der
Stube, schreit mit dünner heller Stimme, immer im selben Ton.*

MARGARET   Der bringt mich um — der bringt mich um — der
bringt mich um —!

ILTIS JAKOB   Aber Mädche, ich will dich doch nit umbringe, im
Gegenteil, ich mach dir noch eins dazu. Das geht euch gar
nichts an, wenn mir das Mädche gefällt — *Will ihr nach, wird
vom Achatschleifer und Steinbrecher festgehalten*   Laßt mich
los! Das is mei Sach, das geht keinen was an! Laßt mich los,
ihr Kaffern! *Benedum, Seibert, Zughetto und Benzel sind hinter
Iltis Jakob auf der Treppe erschienen, drängen in den Raum.*

SEIBERT   Ein Dreckfetze, wo jetzt hinter die Menscher hermacht!
Er packt ihn am Hals, Benedum trennt sie.

ILTIS JAKOB *keuchend, blau im Gesicht.*

MOSEBACH *tritt zu Margaret, die wie ein Tier zitternd, suchend durch die Stube läuft* Sei stille, Schwester, mir schütze dich —
MARGARET *sieht sich hilflos um, von einem zum andern.*
BENEDUM Jakob, komm doch bei dich!
MARGARET *schreiend* Nein — nein — ich bleib nit hier — ich will nit — ich bleib nit mehr hier — lieber im Wald verrecke — lieber im Wald — lieber im Wald — *Sie rennt schreiend zur Tür hinaus, verschwindet im Dunkel.*
ILTIS JAKOB *will ihr nach* Halt! Stehebleibe! Wo machstn du hin!
BENEDUM Lasse laufe. Du holst se doch nit ein.
SEIBERT Totschmeiße sollt ma den! Mir annern schaffe, daß uns der Schweiß in die Auge läuft un hacke alle Betten samme un mache Brustwehr un Barrikade vor jede Fensterluk — der Louis will das Mädche knalle, hinterrücks mit Gewalt!
ILTIS JAKOB Ei, wenn sie's doch ohne Gewalt nit macht!
BAUER RAAB *spuckt aus* Wege dem Viehzeug kriege mir die Plag ins Land.
BENEDUM Das is nur weil der Bückler verschwunde is, seit mehr als e Woch. Wenn der Hannes fehlt, da sin mir wie en Bauch ohne Kopp un Knoche, ich sag's, wie's is.
ACHATSCHLEIFER Un wißt ihr gar nit, wo der Bückler stickt?
BENEDUM Wenn ich's wüßt, deet ich hier nit sitze.
BAUER RAAB Komm, Juller, mir gehn. Wenn der Bückler nit hier is, hat's ja doch kein Zweck. Die Köpp hängelasse könne mir auch daheim.
BAUER ROTKOPP Was soll ich daheim, wo die Weiber flenne.
MOSEBACH *in der Ecke, mit seinen Sektierern* Lasset uns beten — *Sie murmeln flüsternd und verworren.*
Bauern, Achatschleifer, Holzknecht und Steinbrecher stecken die Köpfe zusammen. Man hört den Wind gehen.
BENZEL Vielleicht hat er Ruch bekomme zur rechte Zeit un hat sich linkshändig über die Berg gemacht mit seim Julche!
SEIBERT Benzel, dir soll die Zung verfaule in deim kranke Rache.
BENZEL Ich sag: den hammer gesehn! Der hat sei Schäfche ins Trockne gebracht, der hat mehr Geld, wie mir wisse — drowwe in Holland läßt sich sauber lebe — weit vom Schuß — un mir könne die Köpp hinhalte!
BENEDUM Den Stinkbock hat der Bückler ausm Simmerer Turm getrage, für den hat er drei Tag Eisestäb gefeilt un e Wachkugel in de Hals bekomme!
BENZEL Das hat mit der Wurscht nix zu tun!
SEIBERT Wenn einer spricht, der sonst immer Musik macht, da soll ma gar nit hinhöre. Bei dem is der Kopp voll Würm.
BENZEL Aber die Würm, die leuchte als heller wie de andern ihr Bohnestroh! Da gibt's als Glühwürm, denk ich —!

BENEDUM   Jetz is genug, Benzel. Ich will kei Wort mehr hörn!

BENZEL   Auch gut. Da pfeif ich eins! *Er pfeift:* »*Das ist der Schinderhannes — der Lumpenhund, der Galgenstrick*«.

ZUGHETTO *summt leise den Text mit.*

   Es pocht an die Tür.

ALLE *fahren auf.*

SEIBERT *packt die Pistole*   Wer da?!

BÜCKLERS STIMME *draußen*   Darf ma hier eintrete ohne Passier-
schein?

BENEDUM *springt auf, schreit*   Passiert, passiert, mit Pferd und
Wage!

BÜCKLER *tritt ein, lachend*   Das war die richtig Antwort! Hans
Bast! *Er drückt Benedum die Hand, dann wendet er sich rasch
zurück*   Komm herein, Julche, daß de trocke wirst! *Er sieht sich
um*   Es sind ja viele Leut in der Stub, aber kei schlechte Auge
drunter! Guten Abend, ihr Leut! *Er grüßt nach allen Seiten.*

JULCHEN *tritt ein*   Guten Abend —

BÜCKLER   Komm, Julche, zieh dein Mantel aus, das platscht ja
alles vor Näß! Das rechte Frühlingswetter, heut morgen hat
noch die Sonne geschiene, jetzt könne mir schwimme, auf
Ostern! Da, setz dich ans Feuer, un zieh auch die Stiefel aus!
Seibert, leg en frische Holzklotz auf, der is ja fast verkohlt.
Er wirft seinen Mantel über einen Stuhl. Es herrscht Schweigen.
No, ihr seid recht lebhaft hier, das muß ma sage! Hat euch der
saure Wein die Stimm aus der Gurgel gekratzt? Was is denn
los, Benzel? Du siehst ja aus wie geschissene Äppelbrei! Hast
wieder mit der Gall zu tun? Ich sag's ja, die kranke Leut könne
die Märzluft nit vertrage, besonders wenn se scharf is, wie
heuer! *Er geht zur Schänk*   Aha! Zugeschlosse! Der Wirt muß
früh schlafe. Auch gut! Mir sin versorgt! *Er holt eine Flasche
aus seinem Mantel, schüttelt sie, tut einen tiefen Zug*   Das
wärmt, bei dem Wetter! Wer will emal?

BENEDUM   Hannes — ich hab dir was zu melde —

BÜCKLER   Was denn? Ich will nit hoffe, daß einer fehlt?!

BENEDUM   Das nit. Es sin alle Mann beisamme —

BÜCKLER   Das is die Hauptsach. Das annern eilt nit. *Er tritt zu
den Bauern*   Wie steht's, Rottkopp? Habt Ihr de Mistpuddel
schon aufs Feld gefahre?

BAUER ROTKOPP *starrt ihn an, antwortet nicht.*

BAUER RAAB   Bückler — der will dir was melde —

BÜCKLER   Ich hab schon gehört! Wird weiter nix auf sich hawwe.
Möcht lieber wisse, wie bei euch das Brünnche läuft, ihr Nach-
barsleut all mitenanner! *Er setzt sich rittlings auf den Tisch.*

SEIBERT *fast schreiend auf ihn zu*   Hannes! Die Franzose sin im
Ort!

BÜCKLER   Ja — das Dritte Regiment zu Fuß, un e halb Schwadron berittene Chasseurs. De Kommandant heißt Mollinet, un sein Hauptmann is en Elsässer Keibekopp, der sich einbildet, er könnt unser Sprach verstehn! *Er lacht dröhnend* Un deshalb stecken euch die Klöß im Hals, ihr Leut?! Un deshalb habt ihr Eisbrocke zwische de Zähn?! Spuckt se doch aus, daß ihr wieder Luft kriegt!

ACHATSCHLEIFER   Da gucken her! Der weiß schon alles!

BÜCKLER   Un noch e bißje mehr, was ihr nit wißt!

HOLZKNECHT   Was denn? Ziehn se wieder ab?!

STEINBRECHER   Müsse mir nit Soldat werde?!

BÜCKLER   Das kommt drauf an! Das wird sich weise!

SEIBERT   Ihr Leut, jetz is alles wurscht un schnuppe, jetz kann's Kieselstein regne un Roßäppel schnein, jetz is de Hannes da, jetz hammer gewonne!

BAUER RAAB   Sei doch still, du Krischer, laß en doch erst redde! Was is mit de Franzose, Bückler?

BÜCKLER   Ich hab se schon heut mittag in Hottebach gesehn, da warn se aufmarschiert am Straßekreuz un wußte nit rechts oder links. Da hab ich's Julche in de Wald geschickt un bin emal hingange. Der Hauptmann hat e Landkart aufm Sattel gehat — da war nix druff wie en braune Placke — als hätt der Liebe Gott unsern Hunsrück vom Himmel herabgeschisse! »Wo fehlt's denn, Capitaine?« — hab ich gesagt. — »Ich bin hier Staatsförster un kenn mich e bißje aus!« Sagt der in seim wacklige Keibedeutsch »Mir suche die Mairie von Griwwel-schied, da han mir schon Furage hinbestellt un künne de Wäg nit finde!« Da hab ich se dann e Streck über Land gebracht un hab mir erzähle lasse, was ich wisse wollt!

ACHATSCHLEIFER   Un was hat er verzählt, der Saumage?

BÜCKLER   »Erst muß de Hunsrück gesäubert werde von Raubzeug un Bandite« — hat er gesagt — »dann kann ma Schritt vor Schritt die harte Bauernköpp weichkloppe! Die viele Fresser tun hier nit gut« — sagt er — »die Hälft muß Soldat werde, da-mit die ander Hälft genug zu schaffe hat un auf kei dumme Gedanke kommt!«

BAUER ROTKOPP   Hätt ich dem sei schlechte Gurgel zwische de Finger!

BÜCKLER   »Freilich« — sag ich — »so denke mir all in der fürstlich Beamteschaft, die Leut muß ma untehalte, sonst könnt's uns gehn wie euch sellemals, in Paris!«

ACHATSCHLEIFER   Das hat gesesse!

BÜCKLER   »Ja« — sagt der un guckt mich so schepp von owwe an — »euer Rheinfürschte, die wisse genau, warum se mit uns sam-megehn! Dene is grad recht, wenn mir hier das faule Stroh dresche!«

BAUER RAAB   Da habt ihr's! Unser Fürschte! Unser eige Land!

BÜCKLER   Zum Schluß hat er mir en frisch gedruckte Zettel in die
Hand gestoppt: »Da« — sagt er — »das schlage Se an auf Ihrer
Försterei! Das soll e jeder lese, damit er weiß, was für Wetter
gibt!« *Er zieht ein Plakat aus der Tasche, rollt es auf — klatscht
es mit einem Hieb in einen hervorstehenden Nagel an der
Wand*   Guckt euch an, ihr Leut, es kost nix un is auch nit geloge! *Er tritt zu Julchen, die unbeweglich am Feuer sitzt, ohne
ihn anzublicken.*

DIE ANDERN *umdrängen das Plakat.*

BAUER RAAB   Sag's vor, Schulmeister, für die, wo nit lese könne!

MOSEBACH *liest, alle lauschen atemlos*   »Fünftausend Gulden
rheinische Währung auf den Kopf des Johannes Bückler, genannt Schinderhannes, tot oder lebendig, am Leib oder vom
Rumpf getrennt — setzt aus der Kommandant von Mainz und
der Commissaire général der Rheinlande. Wer sich der Teil-
nahme oder Gemeinschaft mit seiner Bande schuldig macht,
fällt unter Kriegsrecht und wird mit dem Tode bestraft. Wer
seiner Sach oder Person Vorschub leistet und ihm oder seiner
Bande Nahrung oder Unterschlupf gewährt, fällt unter Kriegsrecht und wird mit dem Tode bestraft, samt Verlust von Haus,
Hof und Habe. Gezeichnet Jean Bon St-André, Kommandeur
der Rheintruppen.«

ACHATSCHLEIFER   Der is gepfeffert und gesalze, der Mainzer Jam-
bon-Schinke!

BAUER ROTKOPP   Jetzt hängt eme jedem hier in der Stub de Kopp
nit fester wie en losgedrehte Hoseknopp.

SCHMIED SCHAUWECKER   Der Tod hat alleweil sei Sens geschliffe —
und braucht nit auf de Kommandeur von Mainz zu warte.
Wenn er kommt, is er da.

BENEDUM   Un wen se nit hawwe, hänge se nit! Der Hunsrück is
groß und voll dicke Wälder.

ZUGHETTO   Mir könnte auch in de Spessart mache, oder in de
Odewald, wenn mir erst hier de Kopp aus der Schling draus
hawwe.

SEIBERT   Wart ab, was der Bückler sagt.

ALLE *sehen zu Bückler hin, schweigen. — Der dreht ihnen den
Rücken, stochert im Feuer.*

BAUER RAAB   Bückler — mir sin hierher komme heut nacht aus
unsere Höf un Häuser, weil mir merke, wie das schlimm Wetter uffzieht von alle Seit un wie de Wald wackelt. Mir hawwe
zu dir gehalte bis heutigen Tag, un hawwe nie kein Schade von
dir gehabt, un du nit von uns. Jetz brandelt's an unserm eigne
Gartezaun — jetz stehn die Wildsäu in unserm Acker drin —
mir wern dir auch jetz kein Knüppel zwische die Füß werfe —
das kannste sicher sein — aber wenns Boot e Loch hat, muß ma
wisse, wie ma's zustoppt!

BÜCKLER *antwortet nicht — er beugt sich tief übers Feuer, legt Holz auf, bläst die Glut an. Man sieht sein Gesicht nicht.*

ALLE *sehen zu ihm hin, in lautloser Erwartung.*

BÜCKLER *richtet sich langsam vom Feuer auf — packt sie mit den Augen. Ein paar Leute, die gesessen haben, heben sich unwillkürlich mit ihm hoch, wie von seiner Bewegung gebannt, starren mit offenem Mund zu ihm hin. Er spricht ruhig und klar, fast leise* Seibert, wieviel Gewehr sin beisamme?

SEIBERT *rasch* Stücker dreißig, un e paar Dutzend Pistole!

BÜCKLER Die andern?

SEIBERT Liegen im Holzschuppe am Birkewäldche.

BÜCKLER Die holst du bei, aber rasch! Nehm dir zehn Mann, lauft, un zieht e Postekett, vom Waldrand bis zum Gemeindehaus. Zughetto un Petronellemichel gehn mit un melde, wenn ihr steht! Ihr wart ruhig ab, bis mir stürme! Die Losung heißt: Himmelhund!

ACHATSCHLEIFER Der schmeißt se naus, Kinner — der schmeißt se naus!

BÜCKLER Aber gründlich, ihr Leut, daß sie's Wiederkomme vergesse!

SEIBERT *schreit* Hoch Himmelhund! *Er stürzt hinaus, mit Zughetto und Petronellemichel.*

BENEDUM Hannes! Sag mir, was ich mache soll!

BÜCKLER Wart ab! Es gibt genug zu tun! Erst muß ein Rennbaum gefällt werde, daß mir gleich die Torn sprenge könne mit drei, vier Stöß — en großer glatter Buchestamm muß es sein, wie drüwwe beim Zaun stehn!

HOLZKNECHT Den mach ich herunner, bei mir da zuckt's, wenn ich losleg! Eh daß ihr in die Händ spuckt, liegt er schon um un is die Kron ab!
Er packt sein Beil und rennt hinaus.
Man hört während des Folgenden die Axtschläge von draußen.

ALLE *drängen jetzt in wilder Erregung auf Bückler ein.*

STEINBRECHER Ich helf mit, Bückler, ich helf mit!

ACHATSCHLEIFER Der dreht de Spieß um, Kinner, der jagt die, wo ihn jage wolle! Jag se, Hannes, jag se, daß se die Schlappe verliern!

BENEDUM Die sin ja hin un kaputt, eh se die Hand wende! Die sin hier fremd bei Nacht un Nebel — un mir kenne jed Schnekkehaus in de Büsch!

BAUER RAAB Die solle sehn, was hier heißt: die harte Köpp weichkloppe!

BAUER ROTKOPP Un wenn se wiederkomme, doppelt un dreifach!

BÜCKLER *jetzt mit harter, wilder Stimme* Die komme nit wieder, sag ich euch! Die kriegen e Lehr für ewig und drei Tag! Wenn ich hier sauber mach, da bleibt kein Dreck unnerm Nagel!

ACHATSCHLEIFER   Raus mit'n! Raus mit'n!

BÜCKLER   Die schreiben mich an die Wand, als Staatsverbrecher
— gut! Die solle wisse warum! Wenn die mein Kopp so teuer
kaufe wolle, dann solle sie'n auch kennelerne, aber nit zu
knapp! Ich will's euch weise, wie ma de Hunsrück säubert: mit
dene paar Franzose is es nit geschafft! Was geht mich an, ob
einer deutsch redt oder türkisch! Wer hier nit für uns ist, der is
gege uns un fliegt raus!

BAUER RAAB   So is es: Der Amtmann muß raus!

ACHATSCHLEIFER   Heut nacht lernt er fliege, un de Bürgermeister
un de Oberbutze dazu!

STEINBRECHER   Un der Dreckjudd muß eraus, der de arme Leut nix
mehr aufschreibe will!

ACHATSCHLEIFER   Judd oder Christ, alle Kaufleut müsse raus, un
alle Lohnschinder müsse raus!

BAUER RAAB   Un die Pfaffe müsse raus, die nix wie fresse un
unsern Kinner die Köpp vollschmuse — die Pfaffe müsse raus!

BÜCKLER   Ich nehm's uff mei Wort un Hand — unser Land wird
sauber — un soll sauber bleibe! Jetz heißt's nur: sammehalte!

BENEDUM   Wie en Stock voll Ranke!!

SCHMIED *wuchtet plötzlich mit hochgereckten Armen auf Bückler
los*   Sankt Schorsch! Du Drachetöter!

MOSEBACH   Der hat 's innere Licht! Der hat 's innere Licht!

ACHATSCHLEIFER   Kei Wunner, wenn uns all mitenanner die
Stallatern uffgeht!

SCHMIED   Halts Maul, wo des geistlich Zungefeuer auf unser
Köpp herabträufelt! Ihr Leut, heut fällt Ostern un Pfingste uff
ein Tag!

MOSEBACH   Ihr müsset glaube, Brüder, ihr müsset glaube, dann
führt uns Gott in der Feuersäul!

ACHATSCHLEIFER   Mir glaube alles, wenn's losgeht, mir glaube,
was de willst!

SCHMIED   Stimmet an das Osterlied —! *Er beginnt mit mächtiger
Stimme, die Melchioriten fallen jubelnd ein*

>>Das war ein wunderlich Krieg,
Da Tod und Leben rungen,
Das Leben behielt den Sieg,
Es hat den Tod verschlungen!
Die Schrift hat verkundet das,
Wie ein Tod den andern fraß:
Ein Spott aus dem Tod ist wor-den!<<

ZOPPI *ist währenddessen in der Tür erschienen, haut mit dem
Ochsenziemer auf den Boden*   Hüh —! Ihr habt ja Stimme wie
die bayrische Zuchtbulle, ihr! *Der Gesang verstummt.*

ZOPPI *zu Benedum*   Ich hab euch nit verrate, was geht's mich an,
mei Ochse sin bezahlt. Aber in zehn Minute wern se abgeholt,

von eme Kommando Kavallerie, da könnt ihr sehe, wo ihr
bleibt!

ACHATSCHLEIFER Was will denn der hier mit seim viereckige
Kopp!

BENEDUM Das is der Furageur von de Franzose, en Binger Metzger!

ACHATSCHLEIFER Der kommt e bißje spät, mit seine Neuigkeite!
Ich glaub, der is e bißje langsam, der!

DIE ANDERN *lachen und johlen.*

ZOPPI *wütend* Ihr habt bald ausgelacht, ihr Lumpebrüder! Wart
nur, wenn se komme!

BENEDUM Der merkt als immer noch nix, der Schwelleschädel!
Neues Gelächter.

BÜCKLER Die fange mir ab, die wo die Ochse hole wolle, un
dann treibe mir die Ochse vorne her beim Sturm, damit
se denke, ihr Furage kommt mit Gebrüll, un dann komme
mir!

MOSEBACH Hannibal! Hannibal!

ACHATSCHLEIFER Hoch Hannebampel! *Er dringt auf Zoppi ein*
Alter Hannebampel!

ZOPPI Macht, was ihr wollt, ihr Affegesindel, was liegt mir
dran! Ich will mei Esse jetz, un wenn ich mir's selber koche
soll! *Er tritt zornwütig die verschlossene Küchentür mit dem
Stiefel ein, verschwindet in die Küche.*

BÜCKLER Jetz aber kurz Gebet un lange Bratwurst! Hans Bast,
sammel alle Leut in der Hauptstraß, de Rennbaum in die Mitt,
wenn er fertig is! Aber macht kein Krach, seid still auf der
Gaß, damit se nit zu hurtig Wind bekomme! *Zu den andern*
Wer macht mit von euch?!

ACHATSCHLEIFER Da bleibt keiner zurück!

BAUER ROTKOPP Wenn der Himmel erunnerfällt, sin alle Spatze
tot! Los!

BAUER RAAB Heim, un die Sense gewetzt!

BÜCKLER Halt! Es muß Leut gewwe, die de Wolf jage, un es muß
Leut gewwe, wo die Schaf hüte! Wer en Hof hat oder e Häusje
un e Weib un Kinner daheim, der läßt mir die Finger weg un
bleibt hinne! Euch Bauern brauche mir lebendig lieber als tot-
geschosse! Mir wolle auch wieder Brot esse un Kuche backe!

STEINBRECHER Aber mir, mir hole all unser Kerl ebei, mit de
Spitzhacke un mitm Felseklöppel!

SCHMIED Unser heiliger Glaube verbiet uns de Kampf mit Waffe
un Gewehr. Aber wenn mir unser eisebeschlagene Spazier-
knüppel in die Hand nehme un werde angegriffe, da könne
mir druffschlage, daß die Funke spritze!

BENEDUM Dran, die Mäuler gehalte un die Waffe geholt! Die
Losung heißt: Himmelhund!

ILTIS JAKOB *vor Bückler*   Hannes, ich bin en Dreckfetze, Hannes,
en elender Dreckfetze —

BÜCKLER   Los, nehm dir e paar Leut un fang das Ochsekommando
— aber nur nit laut!

ILTIS JAKOB   Kein Pfiff sollste höre! *Ab*

DIE ANDERN *drängen unter Benedums Führung hinaus.*

MOSEBACH   Bückler, des Herrn Kraft un Sege in dei beide Händ!
Wenn mir uns wiedersehn, da soll die Ostersonn scheine überm
Land, un ob de Himmel voll Wolke geht!

BÜCKLER *drückt ihm die Hand.*

ALLE *eilen hinaus, verschwinden im Dunkel.*
    Es wird still. Im Zimmer bleiben nur Bückler und Julchen.

BÜCKLER *steht in der Tür, sieht den Abziehenden nach. Dann blickt
er sich um, saugt tief die Luft ein*   Es hat aufgehört. Die Stern
komme raus.

JULCHEN *bleibt unbewegt, ohne aufzublicken, wie seit ihrem Ein-
tritt.*

BÜCKLER *dreht sich zu ihr um*   Warum bist so still, Julche?

JULCHEN *schweigt.*

BÜCKLER *zieht die Tür hinter sich zu*   Warum sagst gar nix?

JULCHEN *sieht ihm voll ins Gesicht. Sie ist sehr blaß, ihre Augen
brennen.*

BÜCKLER   Freust dich nit e bißje — wie mein Gaul jetzt rennt?

JULCHEN   Nein. *Sie steht auf*   Ich mag nit lüge.

BÜCKLER *tritt dicht zu ihr*   Julche! Was is denn —

JULCHEN *fast lächelnd, bittend*   Laß mich jetzt naufgehn! Ich bin
müd — sonst nix.

BÜCKLER *starrt sie an*   Erst muß ich wisse, was du denkst!

JULCHEN   Es is ja zu spät. Du machst ja doch, was du mache
willst.

BÜCKLER   Ich tu, was ich tun muß! Nix is zu spät! Grad recht is
alles!

JULCHEN   Du — wenn's noch Zeit is — wenn's noch rückwärts
geht — dann laß es sein! Tu's nit!

BÜCKLER   Eher trag ich selbst mein abgehackte Kopp nach Mainz
— als daß ich hier die Zügel falle laß! *Tobend*   Es wird geritte,
un wenn der Gaul krepiert!

JULCHEN   Jetz schreist du so laut, daß du dich selbst nit hörst! Du
hast ja Blut in de Auge vor lauter Trotz!

BÜCKLER *läuft umher*   Es gibt kei Zurück! Es gibt nur Vorwärts!
Jetz krieg ich die Arm frei, jetz will ich se rege! Was Pferd
stehle, un Kaufleut plündern, un e Kaß knacke, das kann jeder
krumme Hund, solang ihm die Luft nit ausgeht! *Mit den
Füßen stampfend*   Ich kann was anders — un ich werd's euch
zeige!

JULCHEN   Warum schreist du so laut — wenn du recht hast!

BÜCKLER   Mei Sach is sauber! Mei Sach is recht! Ich hab nix getan, was ich nit wieder tät! An meine Händ klebt kei Blut!

JULCHEN   Heut nit! Aber morge!

BÜCKLER *starrt sie an, heiser*   Morge —

JULCHEN   Das is nit gut, was du mache willst! Das muß dich
umschmeiße! Das geht nit ab ohne Mord —!

BÜCKLER   Das is kein Mord! Das is Totschlag! Das schadt nix, im
offene Kampf! Die han ja angefange! Warum komme se her?!

JULCHEN   Aber du kannst es doch nit wehre! Wie willst denn du
Krieg führe, gege die Welt?! Denk doch, wie mir im Weggrabe
gelege sin, am Rheinufer drunte, bei der große Heerstraß —
denk doch die viele tausend Huf un Räder un Kanone — das
trappt un trappt, das rollt un rollt, en ganze Tag lang wie
Mühlklappern an unsere Köpp vorbei — ich spür noch de
Boden zittern durch mein ganze Leib, wenn ich's im Schlaf
seh —!

BÜCKLER   Das marschiert alles auf die ander Rheinseit! Das
kommt hier nit aufwärts!!

JULCHEN   Wenn's aber doch kommt, wie Hochwasser bergauf, un
schlägt über dich samme?! Das kannst nit lenke! Das nit!

BÜCKLER   Ich kann's! Weil ich's könne muß! Un will!

JULCHEN   Du kannst doch die große Armee nit aufhalte, mit deiner Handvoll Hunsrücker?!

BÜCKLER   Schweig! Das is Männersach! Das geht dich nix an!

JULCHEN   Dann frag mich nit — was ich denk!

BÜCKLER   Ich frag dich auch nimmermehr! Ich will nix mehr hörn!
Geh nauf, bei die annern Weiber, un leg dich schlafe!

JULCHEN   Nein! Jetz schickst mich nit schlafen wie en Vieh! Jetz
will ich redde, jetz mußt mich zu End höre, hier, wenn sonst
keiner da is, wo dir Licht macht! Die sin ja all besoffe, wenn
du se anguckst! Die springe ja von der Rheinbrück, wenn du
se runnerjagst! Aber dann, wenn se wach werde, dann falle se
um wie morsch Holz — un dann bleibst allein, du!

BÜCKLER *steht keuchend, mit geballten Fäusten.*

JULCHEN *dicht zu ihm, fast zärtlich*   Jetz is e Jahr, daß ich bei dir
bin — un reut mich kein halbe Tag! Un folg dir, wohin de
willst! Un wie's auch geht, un sollst kein Laut höre, wenn's
hart kommt — nur jetz — glaub nur jetz, was ich seh —! *Stark*
Du hebst aus der falsche Schulter, un mußt in die Knie breche!
Ich spür's! Ich spür's doch! *Fast ohne Ton*   Ich muß es doch
spürn —

BÜCKLER   Weg! Du hängst mir zu dicht auf der Haut, zu zerrst
mich runner! Du willst mich klein mache!

JULCHEN   Das weißt du selbst — daß das nit wahr is!

BÜCKLER   Weibergeheul! Scheißangst, verfluchte! Bleib mir vom
Leib!

JULCHEN   Dann bleib ich ganz weg, wenn du mich jetz vom Leib
willst!
Sie geht zur Tür.
BÜCKLER   Halt! Da gehst nauf — in die Kammer!
JULCHEN   Ich geh hin, wo ich will!
BÜCKLER   Kein Schritt weiter! Du rührst die Tür nit an!
JULCHEN   Jetz geh ich —!
BÜCKLER *tritt ihr in den Weg, brüllend*   Du bleibst! Ich verbiet's
dir! *Er hebt die Faust.*
JULCHEN   Das wagst du nit. Mach Platz!
BÜCKLER   Zurück!
JULCHEN   Laß mich durch! Geb die Tür frei!
BÜCKLER   Da! *Er packt sie bei den Schultern, schmettert sie
furchtbar zu Boden.*
JULCHEN *liegt wie gefällt.*
BÜCKLER *steht regungslos, mit hängenden Armen, den Kopf tief
gebeugt.*
JULCHEN *hebt sich hoch, schwer und langsam, bleibt kurz stehen,
ohne Besinnung, fast wie im Traum, dann geht sie still zum
Feuer, nimmt ihren Mantel, wirft ihn um ihre Schulter, geht
zur Tür und verschwindet, ohne sich umzudrehn.*
BÜCKLER *gelähmt, reglos. Dann reißt er den Kopf hoch, starrt zur
Tür, will rufen, schreien, bleibt ohne Laut — es scheint, als
wolle er fortstürzen, ihr nach, sie heimholen, dann geht er
rückwärts, wie von seinem eigenen Körper gezogen, in die
äußerste Ecke des Raums, umklammert mit beiden Fäusten eine
Stuhllehne.*
*Von draußen hört man gedämpfte Stimmen, leis tappende
Schritte, verhaltenes Geräusch, anschwellend, näherkommend.
Dann erscheint in der offenen Tür . . .*
BENEDUM   Bückler — mir stehn! Is alles bombefertig! Sechs Kerl
am Rennbaum, wie die Elefante! Die Ochse sin auch am Ben-
del!
BÜCKLER *antwortet nicht, man hört seinen Atem.*
BENEDUM *starrt ihn an, kommt plötzlich näher*   Hannes — was
is denn — wird's nix, Hannes?! Soll ich retour blase!?
BÜCKLER *springt auf, reißt ihm das Gewehr aus der Hand,
schwingt es hoch, stürmt hinaus.*
BENEDUM *folgt ihm brüllend*   Himmelhund! Himmelhund!
*Die Losung wird draußen tosend aufgenommen, dann beginnt,
mit wildem Geschrei, Geflacker, Ochsengebrüll, Johlen und
Singen der große Sturm. Deutlich hört man die besessenen
Stimmen der Täufer »Ein Spott aus dem Tod ist worden« —
und das Lied vom Schinderhannes, auch die Marseillaise wird
gebrüllt, und vereinzelte Schüsse fallen.*
CHRISTIAN ZOPPI *kommt mit einer dampfenden Schüssel aus der*

*Küche, auf beiden Backen kauend, geht mitten durch den
Raum, öffnet ein Fenster, lauscht kopfschüttelnd hinaus, stopft
mächtig weiter.*

Dritter Akt

*Die Schmiede des alten Schauwecker. Der Steckbrief gegen Schin-
derhannes groß und deutlich an der Wand. Die Schmiede liegt vor
der Ortschaft, man sieht draußen die Landstraße. Rückwärts ist
die Werkstatt zu denken. Von dort sieht man den Widerschein
des großen Schmiedefeuers und hört das Fauchen des Blasebalgs,
Pferdestampfen und den singenden Aufschlag des Hammers auf
den Amboß. Dazu die Stimme des alten Schmiedejockel, der zur
Arbeit ein geistliches Lied erschallen läßt und es durch häufige
unpassende Zwischenrufe unterbricht.*

SCHAUWECKER
»Freund, ich bin zufrieden,
Geh es, wie es will —«
Lang mer emal die korze dicke Krampenägel her!
»Unter meinem Dache
Leb ich froh und still!«
Naa, nit die Wanzenägel, die Krampenägel hab ich gesagt, ver-
stehst denn du kei Deutsch, du Olwel?
»Mancher Mensch hat alles,
Was sein Herz begehrt,
Ich bin nur zufrieden —«
Ei, kannst denn du die Wanze nit von de Krampe unnerschei-
de? Da, halt dem Gaul sein Hinnerfuß, ich hol se selber!
»Ich bin nur zufrieden,
Das ist Goldes wert!«
Festhalte! Festhalte! Spreiz doch die Füß ausenanner! Ei der
hängt ja an dem Gäulsbein erum wie en doote Raab an der
Kordel!
SOLDATENWERBER *ist unterdessen von der Landstraße her in den
Schuppen getreten. Man sieht draußen ein kleines Häuflein
frisch angeworbener Rekruten, die auf ihn warten, recht jam-
mervolle Gestalten.*
SOLDATENWERBER *ruft* He, Grobschmied! Wo steht denn mein
Wage? Sin die Gäul eingespannt?
SCHAUWECKER *erscheint in der Tür zur Werkstatt, hemdsärmelig,
mit erhitztem Gesicht* Hinnerm Haus steht er. Die Pferde saufe
noch an dere Brunnetränk. Die Achs hammer gericht un e neu
Deichsel eigezoge, kost fuffzeh Rheingulde.
SOLDATENWERBER Was?

SCHAUWECKER 's nächste Mal fahrt nit so hurtig und zieht die Bremse an, wenn's de Berg enunner geht.

WERBER Fünfzehn Gulde, das ist doch e bißje stark. Hast denn du gar kein vaterländische Funke im Leib?

SCHAUWECKER Wenn die Preuße bei uns Rekrute werbe wolle, dann könne se auch unsern saure Schweiß bezahle. Schlechte Lumpe sin billig, aber gut Arbeit kost gut Geld. Christi Brudergruß, und macht, daß er weiterkommt. *Ab in die Schmiede, man hört ihn wieder singen.*

WERBER Alter Mostschädel, gribbischer! *Zu den Rekruten, die noch draußen auf der Straße warten* Los, angetrete! Vorwärts, marsch! — Ei, was is denn da los, wo sin denn die annern? Das wäre doch grad noch emal soviel?

DIE REKRUTEN *schweigen verlegen.*

WERBER Schwerhackernochenei! Wo die annern sin, hab ich gefragt! Habt denn ihr's Redde verlernt, ihr Dussel? Ich hab kei Zeit zu verliere!

EIN REKRUT *tritt vor, ängstlich* Ich glaub, die sin widder heimgange.

WERBER *brüllend* Was? Mitm halbe Taler Handgeld im Säckel? Lumpebagage, saumiserablige! Ich kann doch nit hinnerherlaufe, mir müsse doch vor Nacht üwwerm Rhein drüwwe sein. Himmelhergottsakranundedjönochenei!

SCHAUWECKER *erscheint wieder in der Tür* Wenn du den Namen deines Herrn unchristlich in de Mund nemme willst, dann mach bei die Preuße enüwwer oder meinswege bei die Derke ins Affeland, aber hier unner meim Dach, da hältste de Schnawwel, sonst sollste mal erlewe, was en gerechte Zorn is! *Wieder ab.*

WERBER Das is der Dank dafür, daß ma hier sei bißje Lebe riskiert! Ei, laßt euch doch von de Franzose aushebe, und in die Rheinarmee stoppe, da wern euch die Auge schon aufgehe! Eins, zwei, drei, vier, fünf, sechs — es werde nit mehr! *Stampft.*
Während der letzten Szene sind in einem seitlichen Fenster Benzel, der rote Fink und der Iltis Jakob erschienen, beobachten die Vorgänge. Jetzt sagt im Rücken des Werbers ...

BENZEL Sein euch die Hämmel fortgelaufe, Herr Korporal?

WERBER *fährt herum* Was seid denn ihr für Galgegesichter? Halt die Schnäwwel, wenn ihr nit gefragt seid!

BENZEL *kommt herein* Ich hab gedenkt, ihr hätt halt Verluste gehabt, wie ma's im Krieg nennt.

WERBER Geh doch haam, Verluste! So Kerle, die kann ich gar nit brauche, die wo da gleich hinnerrücks widder ausreiße. Bei uns, in der Preußisch Kriegsarmee, da werde Männer gebraucht. Männer, verstande?

BENZEL Ich hätt awwer e Glasaug, linkerseits. Mitm rechte blick ich wie e Dohl!

WERBER Das linke Auge wird beim Schieße sowieso zugekniffe. Das wär kein Fehler.

BENZEL Wie is denn die Verpflegung bei de Preuße?

WERBER Da guck! *Macht seinen Brotsack auf, zeigt eine mächtige Speckschwarte und ein Kommißbrot.*

BENZEL *mit der Zunge schnalzend* Darf mer emal?

WERBER *macht den Sack wieder zu* Halt! Jeder Soldat faßt das, was ihm zusteht. Wer sich einschreibe läßt, kriegt en halbe Taler Handgeld und feldmäßig Verköstigung.

DER ROTE FINK *stotternd* Herr Wachtmeister, mir fehlt an Zah, un außerdem hab ich Plattfüß, macht das was?

WERBER Dafür gibt's Stiefeleinlage, Gottseidank.

FINK *hastig auf ihn zu* Wo kann man sich denn einschreibe?

WERBER *zieht sein Meldebuch heraus* Da. E Kreuzje genügt.

FINK *unterschreibt hastig, reicht Benzel das Buch.*

ILTIS JAKOB *ist herzugetreten, sieht sie an.*

BENZEL *zögernd zu Iltis Jakob* Beim Hannes is nix mehr zu hole. Nix wie en rote Krage. *Zieht mit dem Finger einen Kreis um den Hals* Machste mit, Iltis?

ILTIS JAKOB *spuckt aus, geht rückwärts in die Schmiede ab.*

BENZEL Der Mensch hat kei Lebensart, das is mir schon lang aufgefalle. *Er unterschreibt.*

FINK Herr Wachtmeister, könnte mir jetzt unsern Speck fasse?

WERBER Speck? Sonntags. In der Woch gibts kein Speck.

FINK Was? Un heut is erst Mittwoch, da hammer noch vier Tag zu warte! Ei, da mach ich nit mit!

WERBER Du hast unnerschriwwe, da gibt's gar nix mehr! Deserteure werden an die Wand gestellt.

BENZEL *faßt Fink am Arm* Bsst! Sei froh, wenn du ungeköppt üwwer de Rhein kommst. Drüwwe wern mer schon satt werde!

WERBER Da gibt's jeden Tag Bohnesupp mit Kartoffelstücker, so viel wie de fresse kannst. Bei de Preuße is noch keiner hungrig ins Bett gange.

FINK Das laßt sich höre.

WERBER Los jetzt, allez vite. — *Zu den Rekruten, die noch draußen angetreten stehen* Vorwärts, marsch, hinne links geradeaus um die Eck herum! Alle Mann uff den Leiterwage, der wo am Brunne steht. *Abgehend mit ihnen, von Benzel und Fink gefolgt* Un dann Trab, Trab, Galopp! Bis dunkel is, müsse wir schon auf dem rechte Rheinufer sein. *Alle ab.*

ILTIS JAKOB UND SCHAUWECKER *kommen aus der Schmiede.*

ILTIS Schmiedejockel. Du hast doch immer noch was für de Hannes üwwrig gehabt! Denk doch an selbig Osternacht! Mir

hawwe seit siwwe Tag nix mehr gesse als wie e paar Waldpilz
un saure Schleheäppel.

SCHAUWECKER *geht zur Wand, wo der Steckbrief hängt, deutet auf
eine Stelle, liest laut* ». . . und ihm oder seiner Bande Nahrung und Unterschlupf gewähret, fällt unter Kriegsrecht und
wird mit dem Tode bestraft.«

ILTIS   Den Wisch kenne mer. Der hat uns lese gelernt! Jockel —
uff Ostern hammer losgeschlage, in drei Tag warn mir geschmisse — seitdem klappe die Fensterläde zu, wo sich der Hannes auch nur an der Stalltür zeigt, die Bauern treibe die Küh
von der Weid, daß man sich ja kein Fadde Milch ausm Euter
strulle kann, un wenn de nur die Nasenspitz ausm dicke Wald
enausstreckst, da stinkt's nach Franzose und nach Gendarme-
füß. Pfui Deifel!

SCHAUWECKER   Wo steckt denn de Hannes jetzt?

ILTIS *geht zum Fenster, deutet hinaus* Da drüwwe im Straßegrabe, hinner dene Heckebüsch. Mir hawwe heut morgen die
Franzose abrücke sehe, da han mir uns beigetraut.

SCHAUWECKER   Die Franzose sin nur auf Ablösung marschiert.
Die komme uff die Nacht widder.

ILTIS   Freilich. Dann geht die Hetzerei widder los. Wenn ma wenigstens 'n Bisse Brot im Säckel hätt. De Hannes is jung, der
muß esse. Wenn ich denk, was der früher als verbutzt hat uff
en korze Awend. Säufleisch und Würscht und Gäns un Hähne,
Herrgott, da wird ma ganz rappelig, wenn ma dran denkt.

SCHAUWECKER *schüttelt den Kopf langsam* Gewwe darf ich euch
nix. Das is verbote. Aber gege Mundraub gibt's kei Sicherheit.
Da in dem Schrank, da hab ich mein Brot drin un mein Rauchschinke. Mach doch Mundraub. Wenn ich da hinne schaffe
muß, da hörn ich nix, da könnt schon passiere, daß sich einer
dran vergreift. De Schlüssel steckt auch. En Melchiorit kennt
kei Mißtraue und kei Menschenfurcht. *Er geht nach hinten.*

ILTIS   Jockel, geh her, geb mir die Hand.

SCHAUWECKER   Naa, die is voll Wageschmier. *Bleibt am Eingang
der Werkstatt stehen, winkt Iltis Jakob heran* Da guck emol,
dahinne, kennste den Gaul, wo da angebunde is?

ILTIS   Naa, aber an dem Sattel, da hängt doch en Gendarmesäbel
dran.

SCHAUWECKER   Das is 'm Adam sein Brauner. Er hat sichs linke
Hinnereise errunnergetrete, mir hawwe's gleich widder druff.
Innerer halb Stund is er da und holt en. — Eilt euch. *Geht.*

ILTIS   E halb Stund is lang, wenn de Mage knurrt.

SCHAUWECKER *beginnt im Hintergrund wieder zu singen und zu
hämmern.*

ILTIS *rasch zum Fenster, pfeift über die Finger, winkt. Dann rennt
er zum Schrank, schließt auf, holt Brot und Schinken heraus.*

*Inzwischen kommen, fast laufend, Bückler, Benedum, Seibert,
Zughetto von der Straße her. Benedum will etwas rufen, Iltis
Jakob macht ein Schweigezeichen, wirft das Brot und das
Fleisch auf den Tisch. Alle stürzen sich darüber her und
beginnen wie ausgehungerte Tiere zu schlingen und zu
kauen.*

ILTIS *nach einer Weile mit vollem Mund* De Benzel is futsch.

SEIBERT *hochfahrend* Was? Geschnappt?

ILTIS Ach wo! Ausgewischt. Dem warn hier die Nächt zu kurz
und die Täg zu mager.

BENEDUM Bei die Preuße?

ILTIS *nickt fressend.*

BENEDUM Der soll im Stehn verrecke, der Sauhund.

ZUGHETTO Seid froh, daß man los sin. Der hätt am meiste gefresse vom Jockel sein Rauchschinke.

BENEDUM Un ich sag, seid froh, daß man los sin. Der hätt sich
noch de Sündelohn verdient, eines Tages.

BÜCKLER Schweig. *Er hört auf zu essen, starrt den Steckbrief an.
Stille. Dann sagt er leise* Laßt den Benzel in Ruh. Der is fort,
und er weiß, warum.

BENEDUM Hannes —

BÜCKLER Der weiß warum, sag ich. Un jetzt sag ich euch noch
was. Der preußisch Rekrutewerber kann noch kei Wegstund
weit sein. Jetzt habt ihr was gesse, jetzt habt ihr widder Kraft.
Lauft, was ihr könnt, rennt hinnerher un laßt euch einschreibe,
un macht übern Rhein enüwwer. Es wird das letzte Loch sein,
durch das einer ausschluppe kann.

BENEDUM Soldat werde? Rekrut spiele? Hannes, das kann dein
Ernst nit sein.

BÜCKLER *immer noch leise, sehr eindringlich* Versteht ihr mich
nit? Ich verdenk's keinem, wenn er sein Kopp unnerm Fallbeil
wegzieht. Dem Benzel nit und euch erst recht nit.

BENEDUM Und du, Hannes?

BÜCKLER Ich? — Ich bleib im Hunsrück, solang ich noch'n hohle
Baum weiß, in dem ich verrecke kann.

BENEDUM Un da solle mir —

BÜCKLER *schreit ihn an* Halts Maul! Ihr habt hier nix mehr zu
suche. Hier is aus. — Un was ich mach, das geht keinen was an.
Schweigen.

ZUGHETTO *springt plötzlich auf* Obacht! *Er reißt die Pistole heraus.*

GENDARM ADAM *kommt rasch von der Seite. Er stutzt einen
Augenblick, den die andern, außer Bückler, dazu benutzen,
aufzuspringen und in Kampfstellung zu gehen. Bückler bleibt
sitzen. Adam geht, ohne sich um die andern zu kümmern, auf
ihn zu, bleibt vor ihm stehen, sieht ihm ins Gesicht.*

ADAM *drohend*   Wo hast du die Frau, Bückler? Wo hast du die hingeschafft? Wo hast du die Frau?

BÜCKLER *schweigt, sieht ihn an.*

ADAM *fast schreiend*   Antwort! Wo steckt se? Was hast du mit ihr gemacht?

SEIBERT *hat sein Messer gezogen.*

BENEDUM *hat die Ärmel aufgekrempelt.*

ILTIS JAKOB *hat sich mit einer Wendung hinter Adam gemacht, schaut zu Bückler hin*   Hannes — solle ma?

BÜCKLER *ruhig, ohne aufzusehen*   Geht naus, wart im Straßegrabe hinner der Scheun. Ich hab mit dem Mann zu redde.

DIE ANDERN *gehen zögernd.*

ZUGHETTO *im Hinausgehen*   Ein Pfiff, un mir sin da un hawwen am Wickel.

BÜCKLER UND ADAM *bleiben allein.*

ADAM *geht einmal in der Stube hin und her, bleibt dann vor Bückler stehen*   Bückler! Sag mir die Wahrheit! Lebt sie noch?

BÜCKLER *zuckt die Achseln.*

ADAM *in hilfloser Wut*   Du Hund!

BÜCKLER *springt auf*   Adam! Mir zwei, mir hawwe was auszumache, das geht keiner was an! Wenn du mich packe willst un wenn du mich unnerkriegst und legst mir die Handschelle an und schleppst mich nach Mainz bei die Franzose und streichst dirs Blutgeld ein — gut, Adam — probier's, sag ich dir! Du triffst mich nit nochemal allein, ich pfeif niemand bei, ich hätt se ja nit fortschicke brauche. Aber ich wehr mich, Adam. Leicht kriegste mich nit.

ADAM *brüllt ihn an*   Wo sie steckt, will ich wisse!

BÜCKLER *auch brüllend*   Fort isse! Fort, fort, fort, fort! Wenn ich wüßt, wo se steckt, wär ich längst nit mehr da!!

ADAM *verständnislos*   Fort? Wohin denn?

BÜCKLER *wieder ruhig, einfach*   Uff Ostern hab ich sie zuletzt gesehen — in seller Nacht. Sie is mir fortgange, damals, wie ich auf die Franzose los bin.

ADAM   Das is — e paar Monat — e gut Vierteljahr is das her —

BÜCKLER   Gottverdippel, das weiß ich selber, wie lang das her is. Die hat's gewüßt —

ADAM   Was denn — Hannes — was denn?

BÜCKLER *vor sich hin*   »Du hebst aus der falsche Schulter — du mußt in die Knie breche« — die hat's gewüßt —! *Er wendet sich ab.*

ADAM *hinter ihm*   Wenn die fort ist — dann bleibt se fort. Dann kommt se nit wieder, Hannes. — Un mir zwei, mir sin jetzt quitt mitenanner.

BÜCKLER *dreht sich um, deutet mit dem Kopf auf den Steckbrief*   Un das da?

ADAM Das is mir zu dreckig!
Schweigen.

ADAM *geht zur Tür der Schmiedewerkstatt, ruft nach hinten*
Hee, Schmiedejockel! Is mein Gaul fertig?

STIMME SCHAUWECKERS Kriegt nur noch die Hüf nachgeschmiert.

ADAM *zu Bückler zurück* Bückler — wenn mir uns wiedersehn,
dann wär's vielleicht mit eme Trupp Chasseurs, un dann hätte
mir kei Zeit mehr für Red un Antwort. Aber mir wär's lieber,
wenn's anners käm.

BÜCKLER Wie denn?

ADAM Mach fort, Hannes! Hier haste nix mehr zu hoffe.

BÜCKLER *zuckt die Achseln.*

ADAM Ich rat's dir gut, Hannes.

BÜCKLER Merci. Ich brauch kein Rat.

ADAM Dann adjeh. *Will nach rückwärts in die Werkstatt.*

ZUGHETTO *erscheint in diesem Augenblick von der Straße her —
pfeift leise* Hannes!

BÜCKLER *fährt herum* Was denn?

ZUGHETTO Mir hawwe was gefunne, Hannes — das is —

MARGARET BLASIUS *erscheint hinter ihm auf der Straße* Wo — wo
is er denn — *Sie sieht Bückler, stürzt auf ihn zu, umfaßt ihn
mit beiden Armen, klammert sich an ihn* Hannes!

ADAM *ist auf der rückwärtigen Schwelle stehengeblieben, kommt
nun einen Schritt näher. Draußen erscheinen Seibert und Benedum, stehen auf der Straße, ohne einzutreten.*

BÜCKLER Margret! Wo kommst denn du her, Mädche? Was
suchst denn du hier?

MARGARET Dich such ich — dich such ich doch — seit zwei Woche
sin mir hinner dir her von Ort zu Ort — un jetzt hat 's Julche
nit weiter konnt.

BÜCKLER *läßt sie los, daß sie fast umfällt* Das Julche?! Wo?!

MARGARET Am Simmerbach, im Kornfeld mußt ich se liege lasse
— da han schon die Wehn angefange — da bin ich gerannt un
gerannt — daß ich euch noch einhol zuvor —

BÜCKLER *macht ein paar rasche Schritte, als wolle er davonrennen,
bleibt plötzlich stehen, wendet sich langsam zu ihr, die Augen
weit aufgerissen, das Gesicht totenblaß* Was hast du da gesagt? — Was hast du gesagt?

MARGARET Im Frühsommer, da is noch gut gange, da hat uns ein
Bauer aufgenomme als Stallmädcher — aber dann wie er ge-
merkt hat, was mit ihr los is, da hat er uns fortgejagt. Das war
die vorletzte Woch — un seitdem hammer dich gesucht im
ganze Land, un immer hat 's Julche gesagt — sie muß un muß
dich finde — eh daß es Kind kommt!

BÜCKLER *wirft sich plötzlich herum* Hans! Bast! Seibert! Zughetto! Her! Her! Wo, sagste? Genau!

MARGARET *hastig* Grad wo de Simmerbach in die Nah fließt, im
Kornstück vom Raabebauer —

BÜCKLER *zu den andern, fast schreiend* Los! Mitte durch! Ins
Korn, an die Bach, ans Flüßche nunner, fragt nit, un rennt!
Wer zuerst dort ist!! *Rennt.*

ZUGHETTO Hurra die Gäul! Wer zuerst dort ist!! *Sie rennen
hinterher, verschwinden.*

MARGARET *läßt sich am Tisch auf die Bank sinken.*

ADAM *steht einen Augenblick zögernd — dann geht er nach hinten in die Werkstatt, aus der der Amboß dröhnt.*

*Ein reifes, wogendes Kornfeld. Darüber schwimmt der Himmel
in einem satten goldbraunen Abendlicht. Ein schmaler Feldweg.
Zur Seite Ufergesträuch und Weidenbüsche, die den Fluß ver-
decken. — Vom Weg zum Kornfeld führt eine Böschung hinauf,
so daß die Ähren weit über Haupthöhe ragen. Einige Bauern,
darunter auch Bauer Raab, kommen langsam, abendmüde, mit
geschulterten Sensen von der Arbeit.*

EIN GREIS, *der ohne Sense vorausgeht* Wenn man an eme reife
Kornfeld vorbeigeht, riecht man das frischbacke Brot! *Er
schnuppert an den Ähren.*

EIN FELDARBEITER So reddst du auch nur, weil de nix mehr schaffe
brauchst. Wenn der noch die Sens aufm Buckel schleppe müßt,
da käm der gar nit auf solche Sprüch.

DER GREIS Brot! Frischbacke Brot —! Du brauchst nur in die
Ähren zu beiße — un hast de Mund voll Brot —!

BAUER RAAB Hat da nit e klei Kind geschrien?

EIN BUB Das sin die Katze beim Jage! Die Feldmäus han heuer
geheckt wie 's heilig Donnerwetter. In jeder Pflugscholl kraw-
welt e Nest voll Junge!

EIN BÄRTIGER Ungeziefer, Unkraut un Unwetter kommt alleweil
mitsamme!

BAUER RAAB Und noch manch ander Plag, wo nit vom Himmel
is! *Sie gehen.*

DER GREIS *trottet nach* Brot! Frischbacke Brot! *Verschwindet.*
*Das Korn bewegt sich, aus den Ähren taucht Bücklers Kopf,
dann sein Körper, auf dem Bauch kriechend — er blickt sich um,
dann pfeift er scharf und leise zwischen den Zähnen. Aus dem
Ufergebüsch erscheinen Seibert und Benedum.*

BÜCKLER *in einem gedämpften Ton, als schlafe jemand nebenan —
aber mit leuchtenden Augen* He! Kommt bei, rasch! Es lebt!
Es hat auch Händ un Füß!

BENEDUM Was is? Bub oder Mädche?

BÜCKLER En Bub, glaub ich — ich hab noch gar nit recht ge-
guckt —!

BENEDUM Das sieht ma doch auf de erste Blick!

BÜCKLER Komm, helf mir 's Julche beihole! Sie kann noch nit gehn, allein!

BENEDUM Das glaub ich! *Sie verschwinden.*

SEIBERT *zurückbleibend, schüttelt den Kopf* So was —! *Er lacht leise.*

BÜCKLER UND BENEDUM *kommen wieder. Sie bringen Julchen, die sie rechts und links stützen.*

JULCHEN *hält das Kind unter einem Tuch an ihre Brust gedrückt. Sie ist bleich, aber aufrecht, befreit, helläugig.*

BÜCKLER Da, setz dich an die Böschung solang! Der Zughetto is weg un holt e Boot, en breite Fischernache, da kannst drin liege, mitm Kind! Wird's gehn, bis dahin?

JULCHEN *mit fester, ruhiger Stimme* Mei Mutter hat die Sens kaum falle lasse, wie se mich kriegt hat! Macht euch kei Sorg wege mir! Ich komm schon mit!

SEIBERT Darf ma mal gucke?

BÜCKLER Aber Vorsicht, daß es keiner drückt!

JULCHEN Es schläft, glaub ich — *Sie lüpft einen Zipfel der Decke.*

BÜCKLER, BENEDUM UND SEIBERT *stellen sich auf die Zehenspitzen, schauen drunter.*

BÜCKLER *nach einer Weile* Is es nit viel zu klein —?

JULCHEN Mir hat's gelangt! Das wiegt sei vier, fünf Kilo, das!

BENEDUM Das gibt en Trotzkopp! *Zu Bückler* Das hat e Stirn wie du!

BÜCKLER Ich glaub, es regt sich!

JULCHEN *hüllt es wieder ein* Komm, schlaf, mei Bübche!

BÜCKLER Geht jetz un guckt, daß der Zughetto uns nit verfehlt! Er soll immer gut unter de Weide halte, damit er nit gesehn wird! Dann fahren wir am Ufer lang, im Schilf, bis es schummert — un dann streiche mir ab, in der Mitte Strömung! Wenn's tagt, sin mir schon weit!

BENEDUM UND SEIBERT *verschwinden im Gebüsch.*

BÜCKLER *dreht sich zu ihr um, zögernd* Du gehst doch mit —?

JULCHEN *lacht* Kindskopp — der du bist!

BÜCKLER Trotzdem?

JULCHEN Das is doch lang vorbei —!

BÜCKLER *setzt sich neben sie* Ich bring euch durch! Ihr braucht euch nit zu sorge!

JULCHEN *streicht übers Kind* Mir sin auch nit ängstlich — mir zwei! Wo steckt die Margret?

BÜCKLER Ich weiß nit — vielleicht kommt se nach — vielleicht will sie auch im Hunsrück bleibe.

JULCHEN Un mir?

BÜCKLER Mir? Mir bleibe, wo's gut is — wo mir lebe könne, wo's weitergeht — wo's trifft, Julche! *Er springt auf.* Herrgott, mir han ja soviel Platz auf der Welt!

BENEDUM *taucht aus dem Ufergebüsch*   Er kommt —!

JULCHEN   Ja — ich hör schon die Ruder plätschern!

BÜCKLER *blickt sich um*   Da hast du gelege — drin!

JULCHEN   Schad is ums schöne reife Korn. Das richt sich nimmer hoch!

BÜCKLER   Ich werd's bezahle! Die sin ja noch nit weit!

BENEDUM   Was willste?

BÜCKLER   Obacht! *Er holt was aus der Tasche*   Mein erste Steckbrief — un e Stückche Schreibkohl — das langt! Geh her! *Er schreibt rasch auf Benedums Rücken.*

SEIBERT *erscheint*   Los! Mir hängen am Weidebusch!

BÜCKLER   So! *Er hebt ein Stück Holz vom Boden auf, spießt den Zettel damit in die Erde, holt ein Geldstück aus der Tasche, wirft es dazu*   Jetzt muß ich's noch kundmache! *Er springt auf die Böschung, legt die Hände vor den Mund, stößt einen wilden, rauhen, juchzenden, trillernden Schrei aus*   Das war unser Kindsanzeige! Das han se gehört, bis Griwwelschied! Jetz rasch! *Er hebt mit Seiberts und Benedums Hilfe Julchen hoch, sie verschwinden im Flußgestrüpp.*

DIE BAUERN *kommen zurück.*

EINER *bleibt stehen*   Da gibt es so Schuftkerle, die wo eim das reife Korn zuschand stampfe!

BAUER RAAB   Halt emal! Was isn das? *Hebt Zettel und Geld auf.*

EIN ANDERER   Geb 's dem. *Deutet auf den Bub*   Der hat Komelonstund, da lernt er lese.

DER BUB *hält sich den Zettel vor die Augen, buchstabiert*   »Ein breußisch Daler vor verdruckt Korn von Bickler Johann und Blasius Julchen, wo hier gelege sin mitsamt ihrm kleine Kind uff Nimmerwiedersehn.«

DER BÄRTIGE   Los, hol de Kaplan bei, un laß das Feldstück weihsprenge, daß die Frucht nit schwarz wird.

DER BUB *will laufen*   Soll auch de Landjäger komme?

BAUER RAAB   Halt! Das Feld is mein, un das betritt kein fremde Fuß ohne mein Wille! Den Fetze Schrift, den könnt ihr ruhig zum Amtmann trage, den mag er bespürn un beschnuffle, soviel er will. Aber den Taler — den bring ich heim, un mach ihn fest auf meiner höchste Hopfestang, un trag ihn herum durchs ganze Land, bis daß ihn jeder kennt — un jedem e Licht uffgeht! *Er hebt den Taler mit beiden Händen hoch, geht langsam.*

DIE ANDERN *folgen stumm.*

DER GREIS *trottet schnuppernd nach*   Brot! Frischbacke Brot — *Sie verschwinden.*

Ein Kasernenhof der kaiserlichen Truppen auf der rechten Rhein-
seite. Kahle Mauern, Hoftor, Kaserneneingang, Latrine. Recht
sichtbar an einer der Wände hängt ein großer Steckbrief mit ge-
maltem Bild des Johann Bückler, genannt Schinderhannes, man
sieht die Ziffer der Belohnung: 5000 Gulden, in dicker roter
Schrift. Von einem außerhalb liegenden Übungsplatz her schallt
eine dünne Pfeifen- und Trommelmusik, taktmäßige Exerzier-
schritte, Kommandorufe. Eine Reihe Rekruten in fahlen Drillich-
anzügen, das schirmlose Gemeinenkäppchen in die Stirn gedrückt,
ist zum Strafexerzieren angetreten. Benzel und der rote Fink
machen unter den auch sonst recht kläglichen Gestalten die jam-
mervollsten und lächerlichsten Figuren. Korporal Mauschka, der
Unteroffizier vom Dienst, geht vor der Front auf und ab.

KORPORAL MAUSCHKA Stillgestanden! Da gibt es immer noch ein
paar ganz stockverbotene Rasselböcke unter euch, die nicht wissen, was militärisch ist! Kerls, ich will euch zeigen, was militärisch ist, bis euch das Blut in den Stiebeln steht! Nimmst du
die Knochen zusammen, du krummer Hund! Bauch rein, Brust
raus, Knie durch, Kinn auf die Krawatte, Arme leicht ange-
winkelt, Tuchfühlung, Sakrament! Von der Nasenspitze bis zu
den Stiefelspitzen will ich eine gerade Linie ziehen können.
Kerl, wie oft soll ich dir das noch sagen! *Er zerrt einen hin und*
her Glaubt ihr vielleicht, das ist hier ein Kinderspielplatz?
Das ist hier kein Kinderspielplatz! Achtung! Ganze Schwadron: Kehrt! Kehrt! Kehrt! Kehrt! Kehrt! Richt euch! *Er nimmt*
die Richtung Willst du stillstehn, du Hund, willst du stillstehn? Der dritte das linke Ohr tiefer, der fünfte die Nasen-
spitze rauf, der letzte den Bauch rein! Kerl, du streckst ja den
Nabel vor wie die schwangere Jungfrau von Buxtehude! Wer
lacht da?! Wenn ich hier einen erwische, der ohne Kommando
lacht — dann hat er ausgelacht!
BENZEL *tritt vor* Bitte austreten zu dürfen.
KORPORAL Mensch, du willst hier austreten, mitten im Dienst?!
Hast du denn keinen Funken Ehrgefühl?! An die Latrine,
marsch, marsch!
BENZEL *rennt.*
KORPORAL Zurück, marsch, marsch!
BENZEL *trabt zurück.*
KORPORAL Mußt du noch immer austreten?!
BENZEL *kläglich* Es könnt sonst was passiere!
KORPORAL An die Latrine, marsch, marsch!
BENZEL *rennt wieder.*
KORPORAL Zurück, marsch, marsch!
BENZEL *trabt zurück.*
KORPORAL Mußt du noch immer austreten?!

BENZEL *keuchend* Jetz wär's nimmer nötig . . .

KORPORAL   Scher dich ins Glied! Jammerlappen! Euch will ich's
zeigen! Solang euch nicht nachts im Traum der Angstschweiß
aus allen Poren sprudelt, solang habt ihr noch keine Ahnung,
was ein Soldat ist! Rührt euch! *Er geht am Glied entlang* Ihr
denkt vielleicht, ich bin ein Schweinehund?! Ich bin auch ein
Schweinehund. Aber nur im Dienst! Verstanden?! Außer
Dienst da bin ich der beste Kerl! Da kann ich ein urgemütliches
Viech sein, merkt's euch. Da kann man mit mir sogar mal
einen heben, wenn man Durst hat und Geld. Das geschieht
hier alles nur zu eurem Besten! Wen Gott lieb hat, den züch-
tigt er. Ihr sollt hier Menschen werden! Menschen muß man
aus euch machen! Verstanden?! Bis jetzt seid ihr nämlich nur
Rekruten. Na, das wird ja mit der Zeit mal besser werden.
Außer Dienst, da freß ich ja keinen auf. Ein feiner Kerl kann
ich sein — wenn ich will!

EIN LEUTNANT *kommt durch das Hoftor, hinter ihm ein Gefreiter,
der Bückler, Benedum, Seibert, Zughetto — noch in Zivil — her-
einführt.*

KORPORAL   Achtung! Stillgestanden! *Er meldet* Korporal
Mauschka mit zehn Rekruten vom Dritten Bataillon beim Strafexerzieren!

LEUTNANT   Danke. Lassen Sie rühren. Hier sind vier Neue, schreiben Sie die Namen auf, schicken Sie sie sofort in die Kammer
zum Einkleiden.

KORPORAL   Zu Befehl, Herr Leutnant!

LEUTNANT *ab.*

KORPORAL *stellt die Neuen in einer Reihe auf, betrachtet sie ein-
gehend* So, meine Herrn, ihr wollt Soldaten werden, meine
Herrn, da wolln wir euch mal gleich ins Auge fassen, meine
Herrn! Ihr denkt vielleicht, man kann Soldat werden, wenn
man für alles andere zu dumm ist?! Da habt ihr euch aber
schwer geschnitten, wenn ihr das glaubt! Der Soldat braucht
vor allen Dingen zwei Sachen, und wenn er die nicht hat, dann
wird er nie ein rechter Soldat: erstens Murrrks in den Knochen, zweitens Grrrips im Schädel. In der Beziehung scheint's
bei euch recht flau, so was merkt unsereiner auf den ersten
Blick!

SEIBERT UND ZUGHETTO *haben Benzel bemerkt, versuchen ihm Zeichen zu geben, flüstern miteinander.*

KORPORAL *fährt auf sie los* Wollt ihr die Schnäbel halten! Verfluchte Rasselböcke! Glaubt ihr vielleicht, das ist hier ein Kinderspielplatz?! *Zu Seibert, der ihn haßerfüllt ansieht* Kerl,
schau mich nicht so an mit deinem Verbrechergesicht! Wie
heißt du?!

SEIBERT   Schmitt.

KORPORAL Schmitt? Das wär mir auch ein Name! Schmitt kann jeder heißen. Ich heiße Mauschka, so kann nicht jeder heißen! Vorname?

SEIBERT Heinerich.

KORPORAL *zu dem Gefreiten* Schreib auf: Heinerich Schmitt. Der nächste: Zuname?

ZUGHETTO Schmitt.

KORPORAL Ich hab ja gesagt, Schmitt kann jeder heißen. Seid ihr vielleicht Brüder?

ZUGHETTO Nit, daß ich wüßt.

KORPORAL Vorname?

ZUGHETTO Heinerich.

KORPORAL Auch Heinerich? Jammervoll! *Zum Gefreiten* Schreib auf: Heinerich Schmitt zwei. *Zu Benedum* Zuname?

BENEDUM Schmitt.

KORPORAL Kerl, wenn du Heinerich heißt!

BENEDUM Sie hawwe mich zu Haus als Heinz gerufe.

KORPORAL Blödsinn! Heinerich Schmitt drei! *Wendet sich drohend zu Bückler.*

BÜCKLER *mit lauter Stimme* Heinerich Schmitt vier!

KORPORAL *tritt zurück, mustert sie prüfend* Mir scheint, da ist was nicht richtig bei euch! Na, euch werden wir schon kriegen — ihr Schmitte! *Zum Gefreiten* Führ die Kerls in die Kammer, damit sie Brocken fassen! Aber sag dem Sergeanten, er soll ihnen ja nichts Neues geben! Für die krummen Hunde ist die älteste Flohkluft immer noch zu gut! Vorwärts marsch!

DER GEFREITE *mit Bückler und den andern ab.*

KORPORAL *zu den Rekruten* Achtung! Abzählen!

DIE REKRUTEN *zählen schreiend ab* Eins, zwei, drei, vier, fünf, sechs, sieben, acht, neun, zehn!

KORPORAL Eins bis acht weggetreten! Seid ihr noch nicht weg?! Seid ihr noch nicht weg?! Neun und zehn bleiben hier!
Die Rekruten verschwinden, außer neun und zehn: es sind Benzel und der rote Fink.

KORPORAL *stellt sich dicht vor sie hin* Ihr zwei habt gezwinkert mit den Neuen! Ihr denkt vielleicht, so was sieht man nicht?! Hier sieht man alles! Merkt's euch! Habt ihr gezwinkert?! Ja — oder nein?!

FINK Mir is grad was ins Aug gefloge!

KORPORAL *zu Benzel* Und du?!

BENZEL Ich hab e Glasaug, linkerseits! Das annere klappert als von selbst e bißje!

KOPRORAL Auch gut! Auch gut! Wie Sie befehlen, meine Herrn! Wie Sie befehlen! Wenn ihr kein Gedächtnis habt, da sollt ihr wenigstens Bewegung haben! Soviel ihr wollt! Soviel ihr wollt!

KORPORAL *geht zur Kaserne, kommt mit ein paar Schlappen zu-rück. Dann hebt er den linken Fuß, deutet auf seinen verdreck-ten, ganz mit Kot bespritzten Reiterstiefel* Ausziehn!

BENZEL *zieht ihn aus.*

KORPORAL *zu Fink, indem er den andern Fuß hebt* Ausziehn!

FINK *zieht den andern Stiefel aus.*

KORPORAL In drei Minuten bin ich zurück. Dann sind die Stiefel alle beide so blank wie die gewichsten Hundsbeutel! Dort in der Ecke steht Wichszeug! Ich will mich in jedem Stiefelschaft rasieren können, wenn ich zurückkomme. Ihr wißt, was es sonst setzt! *Er lacht vor sich hin, geht dem Ausgang zu, indem er ein Lied singt, das man vom Exerzierplatz her grölen hört*
»Es kommen auch Soldaten in den Himmel,
Manch anderer verliert Arm und Bein, vallera!
Denn dafür sorgt der Feldkaplan und Feldscher,
Kaplan und Feldscher,
Weil die für Leib und Seel bezahlet sein — vallera!«
Er verschwindet.

FINK *hat Wichszeug aus der Ecke geholt, den Ärmel aufgeschürzt, den Stiefel drübergestülpt, jetzt knurrt er hinter dem Korporal her.* Läus sollste kriege — un e kurz Ärmche, daß de nit kratze kannst! *Er beginnt verzweifelt zu bürsten.*

BENZEL *wiegt den schmutzigen Stiefel in der Hand, betrachtet ihn von allen Seiten, plötzlich stellt er ihn sanft und leicht auf die Erde, stößt einen leisen Pfiff aus.*

FINK *schaut auf, starrt ihn an.*

BENZEL *wiegt den Kopf hin und her, grinst sonderbar.*

FINK *macht plötzlich ein paar hüpfende Schritte auf ihn zu.*

BENZEL *steckt die Hände in die Taschen, pfeift vor sich hin.*

FINK *mit dünner, brüchiger Stimme* Du — meinste wirklich —?

BENZEL *pfeift das Schinderhanneslied.*

FINK *läßt den Stiefel fallen* Himmel-herrgott-sakrament —!

KORPORAL *kommt zurück* Na! Zeigt mal her die Pracht! *Er sieht die ungeputzten Stiefel am Boden liegen, leise* Kerl! *Lauter* Kerl! *Brüllend* Kerl!

BENZEL Ich möcht zum Hauptmann geführt werde!

KORPORAL Zum Hauptmann?!

FINK Jawohl! Ich auch!

KORPORAL Zum Hauptmann?! Seid ihr denn ganz verrückt?! Zum Hauptmann?!

BENZEL *mit heller Stimme, fast zwitschernd* Ich weiß was!

KORPORAL Mensch, wenn du krummes Geficke vor deinem Hauptmann stehst, dann hast du vergessen, ob du ein Männ-chen oder Weibchen bist!

FINK Der weiß doch was! Un ich weiß es auch!

BENZEL Ssst! Ich weiß was! *Er macht die Geldzählgebärde.*

KORPORAL Na, dann kommt mal mit! Aber wehe euch, wenn's nur leerer Wind ist, und ich bin dann aufgefallen bei der Kommandantur!

BENZEL *süß lächelnd* Ich weiß was —!
Sie werden in die Kaserne geführt.

BÜCKLER UND BENEDUM *kommen aus einer andern Tür, jeder hat einen Drillichanzug auf dem Arm.*

BENEDUM *deutet auf das Steckbriefplakat* Du, hast gesehn?!

BÜCKLER No, un?! Meinst du, daß ma mich danach erkenne kann? *Er lacht* So glauben die Gimpel, daß einer rumläuft alleweil, mit wütige Augedeckel un gefletschte Zähn! Zu dumm so was!

BENEDUM Ich hätt nit gedacht, daß das hier drüwwe auch gilt!

BÜCKLER Das gilt ja hier auch nix! Das is nur für de Fall der Auslieferung. Un davor sin mir sicher in der Kluft! Meinst du, ich würd se sonst anziehn — auch nur en halbe Tag?!

BENEDUM Wenn's nur keiner ausplatscht!

BÜCKLER Wenn schon! Die werde sich hier nix wisse mache! Die brauche hier jede Faust, un solche wie die gewiß. *Er schüttelt die Fäuste.*

BENEDUM Ich mein als, mir passe schlecht fürs Militär.

BÜCKLER Nit schlechter als en andern Saustall auch! E Zeitlang muß es gehn, dann sehn mir weiter.

JULCHEN *erscheint am Hoftor, blickt sich suchend um.*

BÜCKLER *wirft seine Uniform auf eine Kiste, rennt zu ihr* Julche!

BENEDUM *geht.*

JULCHEN Du — sie hawwe mich angenomme, als Hilfsmagd in der Marketenderei — un 's Kind is bei der Sanitätskolonn — da is e Schwester, die's versorgt, weil es so stark wär, sagt se, un ich darf dreimal am Tag hinkomme, un kann ihm die Brust gebe, solang ich Milch hab!

BÜCKLER Da bleibe mir beisamme alle drei, fast unterm gleiche Dach.

JULCHEN Wenn's auch nur e Kasernedach is!

BÜCKLER Kasern — oder Zuchthaus! Mir hawwe ja Zeit, un komme ja wieder raus!

JULCHEN Reut's dich gar nit?

BÜCKLER Kei Spur! Kei Stäubche! Was liegt mir dran! Ich ging auch ins Bergwerk nunter! Wenn's nur weitergeht!! Wenn man nur lebe bleibt! Uns hat doch all der Tod schon an die Kehl gegriffe! Es war doch aus, Julche, un jetzt fängt's ganz unte an!

JULCHEN Un wirst wieder hochkomme, du, un wirst wieder aufsteige — un wirst nit mehr umschmeiße!

BÜCKLER Nein! Jetz heb ich nit mehr aus der falsche Schulter! Was kommt, weiß ich nit — aber es muß doch was gewwe auf der Welt, wo ma voll zupacke kann — un das werd ich finde!

JULCHEN Das wern mir finde — mir zwei — un wenn mir erst übers große Meer fahre müsse un die halbe Welt abkloppe!

BÜCKLER Un wenn mir Dreck schleppe müsse so lang, un Stein karrn, un Läus knicke, un schlechte Stiffel butze! *Er nimmt den Stiefel auf, den Fink hat fallen lassen* Ich kann auch schaffe, wenn's sein muß! Da, guck! *Er fährt drauflos* Es ist ja so wurscht, was ma macht — wenn ma nur was macht!

JULCHEN *laut lachend* Mach's nur nit zu gut, da geht ja's Leder in Fetze!

BÜCKLER Meinetwege! So, so, so und so! Hoppla! *Er schmeißt den Stiefel in die Luft, packt sie am Arm.*

JULCHEN Willst du aufhörn — aufm Kasernehof?

BÜCKLER Was heißt hier Kasernehof, ich trag noch kei Montur, ich bin hier noch privat un halber nackig! Komm! *Er reißt sie an sich.*

JULCHEN Du mußt noch viel lerne, bis de zahm wirst!

BÜCKLER Un werd wild bleibe, un wenn's im Käfig is!

JULCHEN *reißt sich los, läuft weg.*

BÜCKLER *folgt ihr lachend, winkend, bis zum Hoftor.*
Die Kasernentür geht auf, es erscheinen ein Stabsoffizier, ein Hauptmann, ein Adjutant. Dahinter eine Wache vor Gewehr, Korporal Mauschka, Benzel und Fink.

BÜCKLER *dreht sich um, bemerkt sie, sieht ihnen schweigend, unbeweglich entgegen.*

DER STABSOFFIZIER Sie sind Johann Bückler, genannt Schinderhannes.

BÜCKLER *ohne Zögern* Jawohl. Der bin ich.

DER STABSOFFIZIER Sie sind verhaftet.

BÜCKLER Nein! Das geht nit! Ich heiß hier Heinerich Schmitt un bin Rekrut!

STABSOFFIZIER Sie geben zu, daß Sie Bückler sind?

BÜCKLER Ja! Der bin ich! Warum denn nit! Aber das gilt doch hier nix! Ich bin ja Soldat! Ich gehör ja zu euch! Ihr habt mich doch angeworbe! *Er zieht seinen Werbeschein heraus, hält ihn dem Offizier hin* Der hat mir gesagt: Kannst sein, wer de willst — bei uns hat jeder Deutsche Freistatt!

STABSOFFIZIER *zum Adjutanten* Reden Sie mit dem Mann! *Wendet sich ab.*

ADJUTANT Bückler — der Regimentsstab sieht sich gezwungen, Ihre Anwerbung aufheben zu müssen. Leisten Sie keinen Widerstand — Sie werden ja selbst begreifen, daß es zwecklos ist.

BÜCKLER Wieso denn —? Ich bin doch hier nit verfolgt! Das war doch alles drüwwe, auf der ander Seit! Auf der Franzoseseit!

ADJUTANT   Was bilden Sie sich denn ein? Glauben Sie, daß wir hier Rebellen und Mordbrenner beschützen? Sie gehören vors Kriegsgericht!!

BÜCKLER *tritt einen Schritt zurück, sieht ihn starr an, spricht leise* So. So seid ihr. So . . .

ADJUTANT   Vergessen Sie nicht, daß Sie politischer Verbrecher sind.

BÜCKLER   Hier! *Er streckt beide Hände, zum Fesseln gekreuzt, vor die Brust* Bitte!

DER STABSOFFIZIER *tritt rasch zu ihm* Es tut mir leid, Bückler —

BÜCKLER   Das is mir gleich. Vorwärts!

DER ADJUTANT *winkt.*

DIE WACHE *tritt vor, legt ihm Handschellen an.*
Gleichzeitig *werden durchs Hoftor, schon in Eisen, von Wachen eskortiert, Benedum, Seibert und Zughetto gebracht.*

BENEDUM *sieht Benzel bei den Offizieren stehen, brüllt auf, reißt sich los, will sich mit gefesselten Händen auf ihn stürzen.*

BÜCKLER *tritt ihm in den Weg* Laß den Mann ruhig gehn! Der hat uns e sauber Licht uffgesteckt, sonst nix! Jetzt wisse mir doch endlich, was politisch is!

ZUGHETTO   Un jetz brauche mir nit Soldat zu spiele! Gott sei's getrommelt und gebaßgeigt!

SEIBERT   Lieber de Kopp unters Fallbeil als unter euer Pickelhaub!

ZUGHETTO *beginnt wild zu singen* Ha ha hammer dich emol, hammer dich emol —

SEIBERT *fällt ein* Ha ha hammer dich emol an deim verrissene Kamisol —

BÜCKLER UND BENEDUM *beginnen stampfend zu singen.* Das is der Schinderhannes, der Lumpenhund, der Galgenstrick —

SOLDATEN *kommen neugierig herzugelaufen, während die Wachmannschaft die Gefesselten anpackt.*

KORPORAL   Ruhe! Stillgestanden! Abführen! Weggetreten! *Die Gefangenen, singend, laut lachend, brüllend, johlend, werden weggeschleppt.*

Vierter Akt

*Im Holzturm zu Mainz. Julchens Gefängnisraum: eine fast wohnlich eingerichtete Kammer. Tisch, Bett und Stühle, die Wände zum Teil mit altem dunklem Holz gefüllt, mit Heiligenbildern beklebt. Ein schmales, vergittertes Fenster, weit über Kopfhöhe, in der Hinterwand. — Julchen sitzt im letzten Tageslichtschimmer, der durchs Gitter fällt, tief über eine Arbeit gebückt.
Der Schlüssel wird hörbar gedreht.*

JULCHEN *fährt hoch.*

KAPLAN ÜBERWASSER, *der Gefängnisgeistliche, tritt ein, schließt die Tür hinter sich.*

JULCHEN *springt auf, läuft ihm entgegen* Wo is es?! Wann darf ich hin?!

KAPLAN   Gelobt sei Jesus Christus —

JULCHEN   — und in Ewigkeit, Amen — is es denn gesund?!

KAPLAN   Ihr Kind ist bei bester Gesundheit und befindet sich seit einer Stunde im Erdgeschoß, bei der Schließerin —

JULCHEN   Hier —? Im Holzturm —?

KAPLAN   Gewiß. Sie können es heut noch sehen.

JULCHEN *faßt seine beiden Hände* Gleich! Bitte! Gleich!

KAPLAN   Ein Wort noch — *Er zögert kurz* Der Gerichtshof ist von Ihrer Unschuld überzeugt. Man wird Sie morgen freilassen.

JULCHEN *starrt ihn an* Frei? Ganz frei komm ich —?

KAPLAN   Ohne Zweifel.

JULCHEN   Un er?! Was wird mit'm? Sag doch! Muß er lang sitze? Oder nur e paar Jahr? Oder gar nit? Sag doch!

KAPLAN *spricht rasch und trocken* Das Todesurteil ist heute nachmittag bestätigt worden. Es trifft außer ihm neunzehn seiner Mitgefangenen. Sein Vater ist auch dabei. Die Exekution wird morgen früh bei Sonnenaufgang stattfinden.

JULCHEN *steht schweigend, unbewegt. Dann mit fester Stimme* Da is nix mehr zu hoffen.

KAPLAN   Nein. Seien Sie stark.

JULCHEN   Seh ich ihn noch —?

KAPLAN   Die Gefängnisleitung hat ihm eine besondere Gnade erwirkt. Er darf die letzten Stunden allein mit Ihnen verbringen. Man wird ihm sogar die Ketten abnehmen.

JULCHEN   Hier — in meiner Kammer —? Das is gut —

KAPLAN   Wenn Sie mich brauchen — oder geistlichen Beistand wünschen —

JULCHEN   Wann wird er kommen?

KAPLAN   Sofort.

JULCHEN   Sagt ihm nit, daß ich's weiß! Bitte, sagt's ihm nit! Sonst wünsch ich nix.

KAPLAN   Und wenn er mich fragt?

JULCHEN   Dann lügst du!

KAPLAN   Ich will's versuchen — *Er öffnet die Tür.*

Die Schließerin erscheint, führt Julchen hinunter.

KAPLAN *läuft ruhelos hin und her.*

Man hört schwere Tritte treppauf. Dann wird die Tür geöffnet, zwei Soldaten bringen Bückler herein. Er trägt das rote Hemd und die schwarzen Hosen der Verurteilten. Sein Aussehen ist unverändert: ruhig und gesund. Der Soldat nimmt ihm die Handschellen ab, verschwindet mit dem andern.

BÜCKLER *tritt sofort auf den Kaplan zu* Weiß sie's?

KAPLAN Ich glaub kaum —

BÜCKLER Du sagst ihr kei Wort! Sonst sollste was erlebe! *Droht ihm mit der Faust.*

KAPLAN *weicht zurück* Bückler, ich will nicht hoffen, daß Sie die Ihnen erwiesene Vergünstigung sofort zu Unbotmäßigkeiten benutzen!

BÜCKLER *setzt sich, lacht ihn an* Nur nit ängstlich! Ich tu dir nix. Du kannst dei Sprüchjer ruhig sage!

KAPLAN Johannes Bückler, du hast den geistlichen Beistand abgelehnt. Du willst ohne Gott zum letzten Gang schreiten.

BÜCKLER Ich will überhaupt nit. Aber ich muß!

KAPLAN *kühl* Es ist meine Pflicht, Ihnen das Heilige Buch zu überreichen.

BÜCKLER Zeig her! Will gleich emal steche! Da kommt als das narrischste Zeug heraus! *Er wirft die Bibel auf den Tisch, stellt sich davor* Eigentlich braucht man e Messer dazu. Aber's geht auch mitm Fingernagel, ausnahmsweise! *Er sticht mit dem Finger zwischen die Seiten, ohne hinzusehen. Dann nimmt er es auf, betrachtet die Stelle* Die Schrift kann ich aber nit lese! Das sin ja Buchstaben wie kahle Äppelbäume! Les vor — da, wo mein Finger is!

KAPLAN *liest* Jesus Sirach, 13, 6-7. »Denn vom Trauern kommet der Tod, und des Herzens Traurigkeit schwächet die Kräfte.«

BÜCKLER Noch emal.

KAPLAN Denn vom Trauern kommet der Tod, und des Herzens Traurigkeit schwächet die Kräfte.

BÜCKLER Denn vom Trauern kommet der Tod — Wenn das wahr is — dann sterb ich nie! *Er lacht.*

KAPLAN Gott geb dir das ewige Leben — *Er geht rasch.*

BÜCKLER *schaut sich in der Kammer um. Es wird immer dunkler. Der Holzturmwirt kommt mit einer Lampe.*

HOLZTURMWIRT *tritt ein* Bon soir, Monsieur.

BÜCKLER Guten Abend.

WIRT *rasch aufdeckend* Votre souper! Porc rôti, pommes de terre, salade, fromage de Mayence, von blanc du pays et des cigares.

BÜCKLER Sprech deutsch, wenn de mir was erzähle willst.

WIRT Français is Amtssprache.

BÜCKLER Richtig! Aber ich bin hier nit im Amt, alter Leichefütterer.

WIRT Halt de Schnüß, Lümpesäckel.

BÜCKLER Ach, guck emal, en Chaib! — Halt Wuljeh, was machstn da? Das Fleisch, das ich mir gewünscht hab, das schneid ich mir selber!

WIRT Défendu pour les prisonniers. Messer un Gabel ischt hier
verbote.

BÜCKLER Der schöne Schweinsbrate. — Tu wenigstens tüchtig
Sauce druff! So. Habt ihr kei Schwarzbrot? An eurem weiße
Labbes, da verdirbt man sich ja die Zähn!

WIRT *boshaft* Monsieur, il est servi. Bon appétit.

BÜCKLER Dankeschön. Dadran solls nit fehle.

WIRT Salut. *Geht*

BÜCKLER *setzt sich aufs Bett.*

JULCHEN *wird von der Schließerin hereingebracht.*

BÜCKLER *springt auf* Julche!

SCHLIESSERIN *geht, schließt außen ab.*

BÜCKLER Wie geht's denn, Julche?!

JULCHEN Gut geht's — grad komm ich vom Kind! Es is ja so
gewachse! Un dick is es worde!

BÜCKLER Ja, ich hab's auch gesehn, eh daß ich herkomme bin! En
Mordsbrocke!

JULCHEN *betrachtet ihn* Du siehst aus, als kämste frisch ausm
Hunsrück!

BÜCKLER Mir is auch nit schlecht gangen im Kittche. — Es hat mir
nix gefehlt wie die Freiheit. Un jetz hawwe se mir schon die
Kett abgenomme! Du — das is e gutes Zeiche, glaubste nit?

JULCHEN Ja, ich glaub auch — das hat was zu bedeute!

BÜCKLER Freilich! Sonst wärn die gar nit so nobel gege uns! Guck
nur, was die alles hingestellt hawwe! Wein, un Weißbrot, un
Brate!

JULCHEN Komm, setz dich, un laß dir's schmecke!

BÜCKLER Du auch, Julche, gell?

JULCHEN Mir hawwe doch lang nit mehr genachtmahlt mitenander! *Sie setzen sich.*

BÜCKLER *sieht sich um* Recht e schöne Stub han se dir gewwe!

JULCHEN Ja, sie geht auch auf de Rhein herunner mit der Fen-
sterseit! Da hör ich als morgens die Bootsleut pfeife — un
nachts sieht ma die Lichter von der Schiffbrück.

BÜCKLER Ich denk als — wenn ich wieder frei käm — da möcht
ich am liebste bei die Schiffer gehn. Das is e Lebe!

JULCHEN Vielleicht wird's emal —

BÜCKLER Das is alles möglich — *Er sieht sie an* Willste nix esse,
Julche?

JULCHEN Du mußt anfange!

BÜCKLER Ja so.

JULCHEN Und vergeß auch de Wein nit! Prost!

BÜCKLER Prost, Julche! Sollst lebe!

JULCHEN Du auch!

Sie stoßen an.

BÜCKLER *setzt das Glas ab, sieht sie stark an.*

JULCHEN *erwidert seinen Blick, will etwas sagen, schweigt.*

BÜCKLER *nach einer Weile, mit ruhiger Stimme* Du — wenn's vorbei is — laß dir vor de Leut nix merke. Das geht niemand was an — was ma spürt. Trag de Kopp hoch, un beiß die Zähn samme. Du wirst schon durchkomme. Du bist ja noch jung.

JULCHEN *wiederholt benommen, tonlos* Ich bin ja noch jung —

BÜCKLER Warum solle mir heut kein klare Wein trinke mitenander?! Mir hawwe uns auch sonst nix vorgemacht.

JULCHEN *lächelnd* Nein, das is unser Sach nit.

BÜCKLER *lacht* Mir hawwe uns die Wahrheit alsfort an die Köpp geschmisse, un wenn se hart war wie Pflasterbrocke!

JULCHEN Un han uns gezerrt un gerisse wie Hund un Hamster, wenn's nit anders ging.

BÜCKLER Un is mancher Fetzen Haut heruntergange dabei, un mancher rote Kratz is wieder zugewachse, un is wieder ganz worde, was zerschmisse war, un hat sich alles gereckt über Tag un Dunkel —

JULCHEN Un kann doch nit ganz vorbei sein alles — un aus — un abgerisse!

BÜCKLER Nein! Es is nit zu End! Heut noch nit! Ich spür nix vom Sterbe! Hab ich kalte Haut, un Beinschwund, un Därmreiße?! Mir fällt auch kein Zahn ausm Maul, un kei Haar vom Schädel! Ich will nit wisse, was morge kommt! Heut bin ich noch da!

JULCHEN Un bist bei mir — un bleibst — bis die Sonn aufgeht!

BÜCKLER Die geht noch spät uff, im Frühling! Was hawwe mir Glück, Julche — daß kein Sommer is!

BEIDE *lachen laut auf.*

JULCHEN Horch! Sie mache Musik, drunte in der Rheinstraß — *Man hört eine ferne Drehorgel — dünn wie Spieluhrklänge — das Lied vom Schinderhannes leiern.*

BÜCKLER *nach einer Weile* Das hawwe die jetz schon im Leierkaste — unser Lied!

JULCHEN Un singe's auf alle Jahrmärkt!

BÜCKLER *munter* Da wern se mich auch nit so rasch vergesse!

JULCHEN *leicht, frei* Nein, das glaub ich kaum!

BÜCKLER No, mir kann's wurscht sein. *Er lauscht* Da! Kannst es noch singe, du?!

JULCHEN Freilich.
Sie blickt ihn an, singt leise ein paar Töne mit, reißt jäh ab.

BÜCKLER *steht rasch auf, dreht sich zum Fenster* Der macht auch Schluß — drunte —
Die Musik wird still.

JULCHEN *schweigt, sitzt unbeweglich.*

BÜCKLER *geht zur Fensterwand, duckt sich zusammen, springt hoch, greift das Gitter, zieht sich mit den Armen empor, bis sein Gesicht in Fensterhöhe hängt. Dann, fast lautlos, springt*

er zur Erde zurück   Es kommt e Gewitter auf — es riecht nach
Teer, un Rege — aber vielleicht riecht auch nur das Rheinwasser
so scharf. — Weit — riecht's — da drauße —

JULCHEN *sehr leise, ohne sich zu regen*   Du — komm zu mir —

BÜCKLER *geht vom Fenster zum Tisch, den Blick in sie gebannt,
Schritt vor Schritt ganz langsam auf sie zu.*

JULCHEN, *wie er dicht bei ihr hält, fährt hoch wie in plötzlicher
Todesangst*   Nein!

BÜCKLER *frei, mächtig, leise und groß, wie Atem*   Doch —! Er
nimmt sie in die Arme.

*Vor den Toren von Mainz, erste Morgendämmerung. Im Hinter-
grund am Frühhimmel, die Türme und Dächer der Stadt. Eine
riesige Menschenmenge drängt zum Blutgerüst, das man hinter
provisorisch errichteten Bretterwänden auf einem Hügel aufragen
sieht. Im Vordergrund der Weg, der zu den Zuschauertribünen
führt, rechts und links von Mauern und Bäumen abgegrenzt.
Schutzleute und Billeteure halten das nicht zahlungsfähige Publikum von den Eingängen zur Tribüne fern. Einzelne Gruppen
kommen und gehen, andere haben sich auf Mauervorsprüngen,
Bänken, Zäunen, auch Baumästen feste Sehplätze gesichert. Flugblattverkäufer, Brezelweiber, Bettelbuben erfüllen die Luft mit
hellem, leierndem Geschrei. Ununterbrochen, bald ferner, bald
näher, tönt das Schinderhanneslied im Gekreisch der Drehorgel
und im dünnen Geplärre der Kinder. Der Menschenlärm kocht
in einem gleichmäßig surrenden, brodelnden Ton.*

EIN SCHUTZMANN   Weitergehn! Weitergehn! Hier nur kein Menschenauflauf! Zurück, wo kei Kart hat! Es gibt doch kei Sitz-
plätz mehr, ich hab's Ihne doch schon zehnmal gesagt! Is alles
ausverkauft, da hätte Se früher komme müsse! Weitergehn!
Weitergehn!

EIN FAMILIENVATER *mit Frau und Kindern*   Hast du die Butterbröter eigepackt?

FRAU   Ich hab se dir doch zum Spazierstock gelegt, in weiß Papier gewickelt!

FAMILIENVATER   Natürlich! Bei uns muß immer was vergesse
werde! Wenn ma mal en Ausflug macht, da muß ma sich
ärgern!

FRAU   Ich hab se dir doch zum Spazierstock gelegt!

FAMILIENVATER   Ich hab doch mein Spazierstock gar nit mitge-
nomme! Jetz hammer kei Butterbröter! Wenn's lang dauert un
die Kinner kriege Hunger, dann bist du dran schuld! Es muß
eim auch e jeder Ausflug verdorbe werde!

FRAU   Ich hab se doch eingewickelt un hab se dir doch zum Spazierstock gelegt!

FAMILIENVATER Ei, warum soll ich denn immer die Butterbröter einstecke?! Wozu haste denn dein neue Ridikül?!

FRAU Da sin doch schon die Operngucker drin! Ich hab se dir doch zum Spazierstock gelegt!

FAMILIENVATER Jetzt hammer kei Butterbröter, wenn's lang dauert!

EIN BÄCKERWEIB *mit Korb* Bubeschenkel! Fastebrezel! Hartekuche!

BUB Babba! Hartekuche!

FAMILIENVATER Was, Geld ausgewwe für das dreckig Zeug!

FRAU Wenns Kallche doch Hunger hat!

FAMILIENVATER Da hättste die Butterbröter nit vergesse solle! Es wird nix gekauft!

BUB *fängt an zu heulen.*

FAMILIENVATER *zerrt ihn schimpfend weiter.*

EIN REISENDER *in einer Gruppe von Leuten, kommt in den Vordergrund* Also in diesem Augenblick geht die Tür auf, un herein stürzt en Haufe Räuber, vornedran der Schinderhannes! Un schießt sofort sei Pistol ab! So dicht an meim Ohr vorbei is die Kugel gepfiffe, un mein beste Freund wälzt sich in seim vergossene Blut! Ich das sehen, die Wut kriege, dem Kerl die andere Pistol aus der Hand reiße un aufn anlege —, das war alles eins! »Elender Bube!« brüll ich en an — »du bist emal an die Unrechte komme!« Und eh daß ich abdrücke konnt, da war er schon drauß un über alle Berg, mit seine ganze Bandite!

EIN ZUHÖRER Fabelhaft!

EINE FRAU Das nenn ich Geistesgegenwart!

REISENDER Ach, das is garnix! E bißje kaltes Blut un e bißje starker Wille un e bißje feste Griff un e bißje Courage un e bißje Menschenkenntnis, sonst gehört da garnix dazu! Wenn ma so en Kerl nur richtig anzupacke weiß, da is der sofort erledigt!

EIN JUNGER MANN Na, na, na.

DER REISENDE Was wolle Sie, Sie unverfrorener Mensch! Sie glaube mir vielleicht nit?!

DER JUNGE MANN Ich mein doch nur —

DER REISENDE Nix hawwe Sie zu meine! Werde Sie erst emal e paar Jahr älter! Erlebe Sie erst emal was! Das is doch eine Gemeinheit sondergleichen! Dafür begibt ma sich in Gefahr!

EIN ZUHÖRER *zum jungen Mann* Wie könne Sie den Herrn denn so beleidige?

DER JUNGE MANN Ich hab doch nur —

DER REISENDE Ich weiß, was Sie hawwe! So sehn Sie mir grad aus! Am End sin Sie auch einer von dene!

EIN DICKER MANN Habt ihr gehört, der is auch so einer von dene!

EIN BUB Es sollen Kerle da sein, wo de Hannes befreie wolle!

DER REISENDE   So sehen Sie mir grad aus! Da kann ja jeder komme!

DER JUNGE MANN   Ich hab doch nur —

EIN GLATZKOPF   Seien Sie still! Judenjunge!!

ANDERE *kommen herbeigerannt*   Was isn da los? Herbei! Sie hawwe ein erwischt!

EIN SPITZBAUCH   Hier is ein Spion vom Schinderhannes entlarvt worde!

EIN WEIB *schrill*   Schutzmann! Schutzmann!

ANDERE   Spion! Packt en! Spion!

DER REISENDE   So eine Unverfrorenheit! So ein gemeiner Kerl!

SCHUTZMANN *kommt*   Wo is er? Her mit em!

DER JUNGE MANN *kläglich*   Ich hab doch nix wie na na na gesagt!

SCHUTZMANN   Na na na na na na na! *Packt ihn, schleppt ihn fort, die Leute folgen.*

FAMILIENVATER *taucht wieder auf*   Was war denn das?! Was is denn passiert?!

EIN LANGHAARIGER   Da is e Komplott entlarvt worde! De Schinderhannes hätt befreit werde solle! Es warn schon Bombe gelegt un e ganz Flasch voll Salpeter hätt hochspritze solle, un es warn auch die Brunne vergift un e Weib hat Pistole im Korsett stecke gehabt, un —

FAMILIENVATER   Jetz hammer wieder nix gesehn, wege euerm dreckige Hartekuche! Rasch hinnerher! *Läuft mit den Seinen der Menge nach.*

BENZEL UND DER ROTE FINK *mit knalliger Eleganz gekleidet, jeder mit einem aufgeputzten Weibsbild am Arm, drängen sich durch die Menge.*

BENZEL   Wer hat mir denn da auf die Gamaschen getreten? Das ist doch unerhört, mir einfach auf die Gamaschen zu treten!

WEIBSBILD   Mit Fleckewasser geht's ja wieder runner!

BENZEL   Nein, ich trage nichts Gereinigtes! Nein, das ist mir nicht gegeben.

FINK   Wo sitze mir denn?

BENZEL   Ganz vorne in der ersten Reih!

WEIBSBILD   Vornehm! Das nenn ich vornehm!

BENZEL   Mir wolle doch was hawwe für unser Geld! *Sie verschwinden auf die Tribüne.*

HERR LINKHAND UND HERR FUST *gehen vorbei.*

HERR FUST   Und deshalb kann ich nur sagen: das wahrhaft Heroische ist unserer Zeit verlorengegangen!

HERR LINKHAND   Daran kranken wir! Daran kranken wir!

HERR FUST   Es gibt keine Größe mehr! Es gibt keine Helden mehr! Wir sind zu spät geboren, Herr Kollege.

HERR LINKHAND   Daran kranken wir! Daran kranken wir!

Sie gehen weiter.

EIN HENKERSKNECHT *inmitten einer Schar von Gassenbuben und alten Vetteln* Das is ja kei richtig Hinrichtung mehr heutzutag, mit der Guillotine! Das is ja garnix, das dauert kei halbe Minut, un da is de Kopp herunner! Das kann ja jeder Gassekehrer mache, da braucht ma doch kei gelernte Scharfrichter dazu! Zu meiner Zeit, wie ich in Frankfurt Erster Scharfrichtergehilfe war, da hat ma noch was könne müsse! Da is noch alles mit der Hand gemacht worn, das war doch noch e Hinrichtung! So was, das nenn ich überhaupt kei richtig Hinrichtung nit! Das is doch kei Hinrichtung!

EINE VETTEL Geköpfteblut is Geköpfteblut, das macht kein Unnerschied, ob Hand oder Maschin!

HENKERSKNECHT Stellt euch nur dicht an de Zaun un halt eure Gulde bereit, ich bring's gleich herüwwer in eme Blechdippche, daß es besser warm bleibt!

EIN DÜRRES WEIB Glaubste wirklich, daß es was nützt?

DIE VETTEL Wie in Kowwelenz der Nikolai geköppt worden is, da hat mei Schwiegerbas e Viertelschöppche frisch Blut kriegt un hat sich eigeriwwe, un hätt noch im gleiche Jahr zweimal heirate könne, un die Kerl sin ihr nachgemacht wie die Hund hinnern Schweiß, un jetz hat se Zwilling.

EIN BENGEL Aber kein Mann!

DIE DÜRRE *zum Henkersknecht* Könnt ich nit für en halbe Gulde kriege?

HENKERSKNECHT Unnerm Gulde wird nix abgewwe! Wer das nit anlege will, der braucht kei Blut! *Geht weiter.*

FRANZÖSISCHE SOLDATEN *gehen vorbei, mit Mädchen am Arm, singen*

>Auprès de ma blonde,
comme fait bon, fait bon dormir . . .«

DIE DÜRRE Da guck, die Theres läuft mit de Franzose.

DIE VETTEL Die sollt ma nit mehr grüße, die Sau!
Sie gehen.

HERR FUST UND HERR LINKHAND *treten wieder auf.*

HERR FUST Ich, wissen Sie, interessiere mich überhaupt nur für die Steinzeit! Das war eine kolossale Zeit, kann ich Ihnen sagen! Denken Sie doch: alles aus Stein! Die Waffen aus Stein, die Waschbecken aus Stein, überhaupt alles, alles aus Stein!! Das ist doch kolossal!

HERR LINKHAND So eine Zeit! So eine Zeit!
Sie gehen vorüber.
Eine Schar Hunsrückbauern, Bauer Raab voran, kommen durch die Menge, die ihnen ängstlich ausweicht. Sie tragen Bücklers Bild und seinen Korntaler auf langen Hopfenstangen.

EIN GASSENBUB Was is denn das für Prozession? Sin das die narrische Schinöser von Uewwerrix?!

EIN ANDERER   Sei doch still, das sin die Hunsrücker vom Hannes, das sin alles Menschefresser!

DIE HUNSRÜCKER *stellen sich schweigend dicht an der Tribüne auf.*

EIN FLUGBLATTVERKÄUFER   »Die schauerlichen Moritaten des Räuberhauptmann Schinderhannes, hochsensationell, mit bunte Bildcher für fünfzig Kreuzer, mit echte Kupferstich zwei Grosche mehr, wer will haben, wer will haben, nur noch die letzten fuffzehn Stücker, die schauerlichen Moritaten des Räuberhauptmann Schinderhannes, hochsensationell —« *Verschwindet im Gedränge.*

Jetzt kommt der Leierkastenmann, gefolgt von einer riesigen Schar Kinder, die das Lied vom Schinderhannes in allen Tonarten mitbrüllen, auf die Bühne gehinkt, er spielt wie rasend, die Leute toben und schreien. Mitten hinein erschallt, dünn und blechern, das Totenglöckchen vom Stadttor — alles erstarrt kurz, der Leierkasten verstummt, die Leute lauschen gebannt. Und plötzlich, leise aufschwellend, dann mächtig hochbrausend, beginnen die großen Glocken von Mainz zu läuten, Dom und Sankt Stephan, Emmeran, Quintin und Christoph, Peter und Karmeliter.

EINE SCHRILLE STIMME   Was is'n das?! Läßt denn der Bischof für die wilde Tiere läute?!

EIN HUNSRÜCKER *dröhnend*   Das sin die Glocketürmer, die läute heut von selbst, weil en der Strang in der Faust schuckelt!

BUBEN *kreischen*   Sie komme! Sie komme!

Wildes Gedränge entsteht.

BENZEL *kommt wie ein geprügelter Hund, mit grünem Gesicht, heulend, jammernd, hysterisch jaulend und schluchzend von der Tribüne, will durch die Menge wegrennen*   Laßt mich durch! Macht Platz! Laßt mich durch! Ich kanns nit ansehn! Ich kanns nit ansehn! *Verschwindet im Gewühl.*

DAS WEIB *läuft hinter ihm her*   O Gott, o Gott, er hat so ein weiches Gemüt. — *Verschwindet.*

BUBEN *klettern wie Affen an den Bäumen hinauf, kreischen*   Sie komme! Sie komme! *Der Leierkastenmann beginnt wieder zu spielen.*

DER SCHUTZMANN   Weitergehn! Weitergehn! Hier nur nit stehn bleibe! Hier nur kein Menschenauflauf! Weitergehn! Weitergehn!

Die Glocken stürmen und brausen.

Julchens Gefängnis im Holzturm. Bückler liegt lang ausgestreckt auf dem Lager, in ruhigem, tiefem Schlaf. Julchen sitzt aufrecht am Kopfende. Die ersten Sonnenstrahlen wachsen durchs Gitter, treffen Bücklers Gesicht.

BÜCKLER *regt sich, erwacht*   Es braust —
JULCHEN   Sie läute samme mit alle Kircheglocke —
BÜCKLER *richtet sich auf, wach und klar*   Dann wird's Zeit —
JULCHEN   Grad is die Sonn aufgange —
BÜCKLER   Horch —!
Von drunten leiser Trommelwirbel, anschwellend.
JULCHEN   Sie komme —
BÜCKLER   Das dauert noch. Mir sin ja drei Treppe hoch. Julche —
JULCHEN   Ja —
BÜCKLER   Das is doch komisch — daß die mit alle Glocke läute —
JULCHEN   Freut's dich —?
BÜCKLER *nickt.*
JULCHEN   Jetz komme se rauf!
BÜCKLER   So viele Füß trappe —
JULCHEN   Un so viel Eise rasselt!
BÜCKLER *springt auf, wie in freudigem Schreck*   Die bringen all
mei Leut mit herauf! Die kommen mich abhole — mit all meine
Leut!
JULCHEN   Freilich! Ich hör schon die Stimme!
BÜCKLER *starrt sie an — weicht jäh zurück wie in fassungslosem
Entsetzen — in plötzlichem, furchtbarem Grauen*   Neunzehn
Leut — Julche — neunzehn Leut!
JULCHEN *tritt zu ihm*   Geh her! *Sie streicht ihm das Haar aus der
Stirn.*
*Die Tür wird aufgeschlossen. — Auf der Treppe stehen deutlich
sichtbar angetreten alle Mitverurteilten — Seibert, Benedum,
Zughetto darunter — manche stehen aufrecht mit starken oder
trotzigen Gesichtern, einige hängen fast ohnmächtig, mit lei-
chenhafter Haut, in ihren Ketten, zwei Junge haben sich fest
aneinandergeklammert — der alte Kasper Bückler steht ganz
vorne mit festlichem, stolzem Lächeln. Zur Seite und hinter den
Gefangenen starren Bajonette.*
BÜCKLER *steht unbeweglich, betrachtet sie schweigend.*
DER SCHLIESSER *tritt zu ihm.*
BENEDUM   Komm, Hannes, führ uns, mir stürme! Die Losung
heißt: Himmelhund!
EINIGE DER GEFANGENEN *beginnen zwischen geschlossenen Zähnen
das Schinderhanneslied zu summen, stampfen leise dazu.*
BÜCKLER *tritt einen Schritt auf sie zu, es wird still*   Mit euch bin
ich überall gern hingange. Aber den Gang möcht ich lieber
allein mache!
BENEDUM   Laß gut sein, Hannes! Viel Füß marschiere besser!
ZUGHETTO   Es bläst en frische Rheinwind, mir wern kei Koppweh
kriege bis enuff!
DER SCHLIESSER   Allez! Fertigmache!
BÜCKLER   Nur nit hastig, Alter! Eh mir dort sin, könne die nit

anfange! *Er dreht sich zu Julchen, die still, aufrecht, neben ihm steht* Julche! *Er drückt ihr kurz beide Hände, dann geht er zur Tür* Los jetzt!

KASPER BÜCKLER Ei, Hannes — weißt es schon — Hannes — fünfzehntausend Leut sin komme!

BÜCKLER *dreht sich noch einmal um, zu Julchen, strahlend, mit lachendem Gesicht* Julche! Haste's gehört, Julche! Fünfzehntausend Leut! *Er geht hinaus* Fünfzehntausend Leut! *Die Tür schließt sich hinter ihm.*

JULCHEN *steht allein, mit stillem Gesicht, wiederholt leise, ohne Bewegung* Fünfzehntausend Leut! —
Die Glocken stürmen und brausen.